JN084418

特長と使い方

◆ 15時間の集中学習で入試を攻略！

1時間で2ページずつ取り組み，計15時間（15回）で高校入試直前の実力強化ができます。強化したい分野を，15時間の集中学習でスピード攻略できるように入試頻出問題を選んでまとめました。

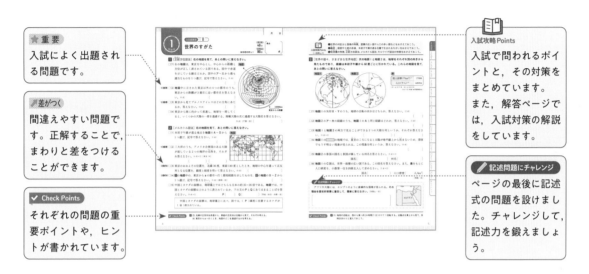

★重要
入試によく出題される問題です。

♦差がつく
間違えやすい問題です。正解することで，まわりと差をつけることができます。

✔ Check Points
それぞれの問題の重要ポイントや，ヒントが書かれています。

入試攻略Points
入試で問われるポイントと，その対策をまとめています。また，解答ページでは，入試対策の解説をしています。

✏記述問題にチャレンジ
ページの最後に記述式の問題を設けました。チャレンジして，記述力を鍛えましょう。

◆「総仕上げテスト」で入試の実戦力UP！

総合的な問題や，思考力が必要な問題を取り上げたテストです。15時間で身につけた力を試しましょう。

◆ 巻末付録「最重点 暗記カード」つき！

入試直前のチェックにも使える，持ち運びに便利な暗記カードです。理解しておきたい最重要事項を選びました。

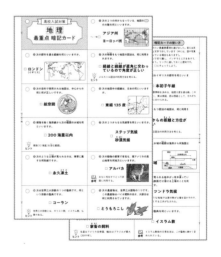

◆ 解き方がよくわかる別冊「解答・解説」！

親切な解説を盛り込んだ，答え合わせがしやすい別冊の解答・解説です。間違えやすいところに **①ここに注意**，入試対策の解説に 📖 入試攻略Points といったコーナーを設けています。

📖 目次と学習記録表

◆ 下の表に学習日と得点を記録して，自分自身の実力を見極めましょう。

◆ 1回だけでなく，復習のために2回取り組むことが，実力を強化するうえで効果的です。

【写真提供】ピクスタ　ヨーロッパ中央銀行　iStock

💻 本書に関する最新情報は，小社ホームページにある**本書の「サポート情報」**をご覧ください。（開設していない場合もございます。）
なお，この本の内容についての責任は小社にあり，内容に関するご質問は直接小社におよせください。

 出題傾向

◆ 「社会」の出題割合と傾向

〈「社会」の出題割合〉

公民
約24%

地理
約33%

歴史
約43%

〈「社会」の出題傾向〉

- 3分野からバランスよく出題されている。
- 地図や写真，統計資料，歴史史料などを利用する設問が増えている。
- 記号選択が多く，次に用語記述が多い。また，多くの地域で文章記述問題が出題される。
- 地域によっては，大問の中で複数の分野にまたがる分野融合問題が出題される場合がある。

◆ 「地理」の出題傾向

- 世界の国々や地域構成，日本の領土や地域構成，資源や産業などが問われやすい。
- 地図や統計資料を読み取る問題が中心で，用語記述の問題はかなり少ない。
- 地域によっては，地形図の読み取りが毎年出題されたり，不定期に作図問題が出題されたりするなど，特異な出題傾向を示すので，注意が必要である。

🎖 合格への対策

◆ 教科書の内容を徹底的に復習しよう

　地理の入試で問われる知識は，教科書レベルの内容が中心のため，「教科書内容の理解を深めること＝合格への王道」です。重要知識を地図や統計資料などとセットで整理し，覚えていくことが，得点力の向上には欠かせません。

◆ 入試問題を知り，慣れよう

- 教科書や参考書，問題集で理解したり，覚えたりした知識が，入試問題を解くときに使いこなせるかどうかを練習問題で確認しよう。
- 地域ごとに出題傾向がかなり異なるので，癖（くせ）をよくつかんでおこう。

◆ 誤りの原因を分析→復習をくり返す→弱点をつぶして得点源に

- 誤った問題は「なぜ，誤ったのか？」という原因を分析しよう。「重要知識を覚えていなかった」「ケアレスミス」など，原因はさまざまです。分析後，関係する基本事項を確認して解き直し，根気よく復習して弱点をつぶそう。
- 社会科は，短期間でよく復習して重要知識を記憶に定着させることが大切です。

入試重要度 A **B** C

世界のすがた

時間 **40**分
合格点 **80**点
得点　　　　点

月　日

解答⇨別冊 p.1

1 ［正距方位図法］右の地図を見て，あとの問いに答えなさい。

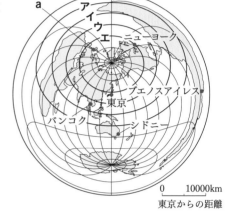

地図

東京からの距離

0　10000km

□(1) 右の**地図**は，東京を中心とし，中心からの距離と方位が正しく表されている図である。図中で赤道を示している線はどれか。図中の**ア～エ**から最も適当なものを１つ選び，記号で答えなさい。(5点)
（　　　　　）

★重要 □(2) **地図**中に示された東京以外の４つの都市のうち，東京からの距離が３番目に近い都市名を答えなさい。(5点)
（　　　　　）

★重要 □(3) 東京から見てブエノスアイレスはどの方角にあたるか，答えなさい。(6点)
（　　　　　）

□(4) 東京から南に向かって直進し，地球を一周してくると，いくつかの大陸の一部を通過する。南極大陸の次に通過する大陸名を答えなさい。
(8点)〔千葉－改〕（　　　　　　　　　）

2 ［メルカトル図法］右の地図を見て，あとの問いに答えなさい。

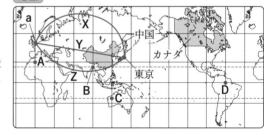

地図

□(1) 本初子午線が通る地点を**地図**の**A～D**から１つ選び，記号で答えなさい。(5点)
（　　　　　）

★重要 □(2) 三大洋のうち，アメリカ合衆国のある大陸が面している２つの海洋の名称を，それぞれ答えなさい。(4点×2)〔埼玉 '20〕
（　　　　　）（　　　　　）

▲差がつく □(3) 東京のおおよその位置を，北緯36度，東経140度としたとき，地球の中心を通って正反対となる位置を，緯度と経度を用いて答えなさい。(6点)（　　　　　　　　　）

▲差がつく □(4) **1**の**地図**中の，東京から**a**の都市へ行く最短経路を示したものを，**2**の**地図**の**X～Z**から１つ選び，記号で答えなさい。(5点)〔静岡－改〕
（　　　　　）

□(5) 中国とカナダの面積は，地球儀上ではどちらも日本の約25～26倍である。**地図**では，中国とカナダの面積はどのように表されているか，下の文の**P**と**Q**にあてはまることばを答えなさい。(5点×2)　　**P**（　　　）　**Q**（　　　）〔茨城・秋田・兵庫－改〕

　　中国とカナダの面積は，地球儀上に比べ，図では，（ **P** ）緯度に位置するカナダが（ **Q** ）表されている。

✓ Check Points　**2** (3) 北緯の正反対は赤道から，東経の正反対は北極から見て，それぞれ考える。
(4) 東京から**a**へ行くとき，地図のどこを通過するかを考える。

4

入試攻略Points
（→別冊 p.1）

❶世界の州区分と国境の特徴，面積の広い国や人口の多い国などをおさえておこう。
❷緯度・経度や０度の赤道，本初子午線の通る位置で生まれるちがいをおさえておこう。
❸地球儀の特徴，正距方位図法，メルカトル図法，モルワイデ図法の特徴をおさえておこう。

3 ［世界の国々，さまざまな世界地図］次の地図１と地図２は，地球をそれぞれ別の向きから見たものであり，経線は本初子午線から 60 度ごとに引かれている。これらの地図を見て，あとの問いに答えなさい。

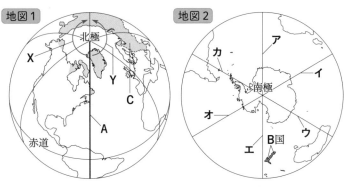

表

国土面積(千km²)※1	17098
人口(千人)※2	145934

（※1 は 2019 年，※2 は 2020 年）
（2021/22 年版「世界国勢図会」）

□(1) **地図１の矢印 X・Y のうち，地球の自転の向きはどちらか，答えなさい。**(2点)

（　　　　　）

□(2) **地図２のア～カの経線のうち，地図１の A と同じ経線はどれか，答えなさい。**(5点)

（　　　　　）

□(3) **地図１と地図２の両方で見ることができる２つの大陸を何というか，それぞれ答えなさい。**(5点×2)

（　　　　　）（　　　　　）

□(4) **地図１の ▭ の地域では，夏至のころになると太陽が地平線上から沈まないため，深夜でもうす明るい現象が見られる。この現象を何というか，答えなさい。**(5点)

（　　　　　）

□(5) **地図２の B 国の国名と B 国が属している州名を答えなさい。**(5点×2)

国名（　　　　　）　州名（　　　　　）

□(6) **地図１の C 国は，世界一面積の広い国である。この国名を答えなさい。また，表をもとに人口密度を，小数第一位を四捨五入して求めなさい。**(5点×2)

国名（　　　　　）　人口密度（　　　人/km²）

〔徳島－改〕

🖊 記述問題にチャレンジ

アフリカ大陸には，エジプトのように直線的な国境が見られる。**その理由を歴史的背景に着目して，簡単に答えなさい。**〔和歌山－改〕

エジプト

[　　　　　　　　　　　　　　　　　　　　　　]

✔ Check Points　　**3** (1) 地球の自転は，西から東へ約 24 時間(1 日)かけて 1 回転する。北極点を真上から見て，反時計まわりと覚えておこう。

1時間目
2時間目
3時間目
4時間目
5時間目
6時間目
7時間目
8時間目
9時間目
10時間目
11時間目
12時間目
13時間目
14時間目
15時間目
総仕上げテスト

日本のすがた

2
時間目

時　間　**40**分
合格点　**80**点
得点　　　　点

解答➡別冊 p.2

1 ［日本の位置，領域，領土問題］次の地図を見て，あとの問いに答えなさい。

地図

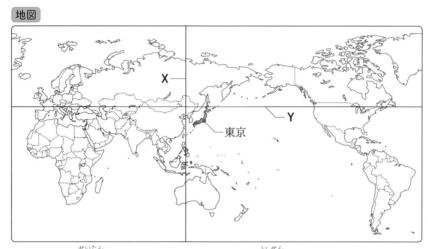

□(1) **地図**中の **X** は日本の西端の経線，**Y** は日本の北端の緯線を表している。それぞれの組み合わせとして正しいものを，次の**ア～エ**から1つ選び，記号で答えなさい。(4点)（　　　）

　ア **X**—東経 90 度　**Y**—北緯 20 度　　**イ** **X**—東経 122 度　**Y**—北緯 46 度

　ウ **X**—東経 90 度　**Y**—北緯 46 度　　**エ** **X**—東経 122 度　**Y**—北緯 20 度

★重要 □(2) 日本の東西南北の端にある島の名称を，それぞれ答えなさい。(4点×4)

　　　　　　　　　　　　東端（　　　　　　）　西端（　　　　　　）
　　　　　　　　　　　　南端（　　　　　　）　北端（　　　　　　）

□(3) 日本の北端から南端の間に，国土の一部分も重ならない国を，次の**ア～エ**から1つ選び，記号で答えなさい。(4点)　　　　　　　　　　　　　　　　　　　　（　　　　　）

　ア イギリス　　**イ** イタリア　　**ウ** インド　　**エ** メキシコ

□(4) 日本の北端の島は，他の島々とともに日本固有の領土であるにもかかわらず，ロシア連邦が不法占拠を続けている。この地域を何とよぶか，答えなさい。(4点)（　　　　　　）

(5) 右の図を見て，次の問いに答えなさい。

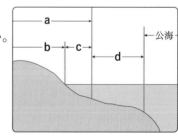

　□① 図中の **a～d** にあてはまる語句を，それぞれ答えなさい。

　　　a（　　　　　　）　　b（　　　　　　）　(4点×4)
　　　c（　　　　　　）　　d（　　　　　　）

　□② 図中の **c** を，多くの国々は何海里を主張しているか，答えなさい。(4点)　　　　　　　（　　　　海里）

差がつく □③ 図中の **d** の海域の特色を，「沿岸国」の語句を用いて，簡単に答えなさい。(8点)

　（　　　　　　　　　　　　　　　　　　　　　　　　　　　）

✔ Check Points　**1** (5) ③日本の南端の島が水没すると，約 40 万 km² におよぶ **d** の水域が消滅するため，政府は島を波の侵食から守る護岸工事を行っている。

1 時間目
2 時間目
3 時間目
4 時間目
5 時間目
6 時間目
7 時間目
8 時間目
9 時間目
10 時間目
11 時間目
12 時間目
13 時間目
14 時間目
15 時間目
総仕上げテスト

 入試攻略Points
（→別冊 p.3）

❶日本の位置と領域，周辺諸国との領土問題についておさえておこう。
❷標準時と時差についておさえておこう。
❸日本の都道府県と都道府県庁所在地，地域区分をおさえておこう。

2 ［都道府県］次の地図を見て，あとの問いに答えなさい。(6 点×2)

□(1) 岐阜県と接している県のうち，中部地方にあって，県名と県庁所在地が異なる県をすべて答えなさい。

（　　　　　　　　　　　　　　　　）

岐阜県

□(2) 四国地方の県名と県庁所在地名の組み合わせとして正しいものを，次の**ア～エ**から１つ選び，記号で答えなさい。

（　　　）

ア 高知県—盛岡市　　**イ** 香川県—松江市
ウ 愛媛県—松山市　　**エ** 徳島県—高松市

3 ［標準時と時差］次の問いに答えなさい。(8 点×4)

□(1) 地球を一周すると 24 時間の時差が生じ，日付が１日ずれる。そのずれをなくすために日付変更線を西から東にこえると，日付をどうするのか。「１日遅らせる」「１日進ませる」のどちらかを選んで答えなさい。
（　　　　　　　　　　　　　　　　）

□(2) 南北に長い国土をもつチリは標準時が１つしかないのに対して，東西に長いロシア連邦やアメリカ合衆国では，複数の標準時が設定されている。その理由を，「日の出」「日の入り」の語句を用いて，人々の生活の観点から簡単に答えなさい。
（　　　　　　　　　　　　　　　　　　　　　　　　　　　　　　　　　　　　　　）

差がつく □(3) ブラジリア（ブラジル）が７月６日午後８時のとき，東京は７月何日の何時か。午前・午後を選んだうえ，答えなさい。なお，ブラジリアの標準時子午線は西経 45 度，東京の標準時子午線は東経 135 度であり，サマータイムは実施されていないものとする。〔富山－改〕

７月（　　　日　午前・午後　　　　時）

差がつく □(4) 関西国際空港を２月 10 日 17 時に出発し，ロサンゼルスに２月 10 日 11 時に到着したとき，その所要時間を答えなさい。なお，ロサンゼルスの標準時子午線は西経 120 度である。〔同志社高－改〕
（　　　　　　　　　）

🖉 記述問題にチャレンジ

右の略地図中の▨▨▨の範囲は，わが国の領海と排他的経済水域を，表は国土面積の広い国の領海と排他的経済水域を合わせた面積を示している。**日本の国土面積に対して，領海と排他的経済水域が広い理由を簡単に答えなさい。**〔香川－改〕

〔　　　　　　　　　　　　　　　　　　　　　　　　　　　〕

項目 \ 国名	国土面積（万km²）	領海と排他的経済水域を合わせた面積（万km²）
カナダ	999	470
アメリカ合衆国	983	762
ブラジル	852	317
日本	38	447

（2021/22年版「世界国勢図会」など）

✔ Check Points　**3** 日付変更線の西側から順に日付が変わっていき，日付変更線のすぐ東側の日付が変わるのが最も遅くなる。

入試重要度 A B C

世界の人々の生活と環境

時間 **40**分
合格点 **80**点

解答 ➡ 別冊 p.3

月 日

得点

点

1 ［世界の気候，くらし］次の地図を見て，あとの問いに答えなさい。

地図

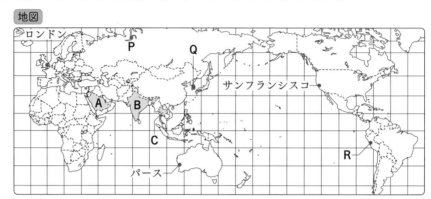

差がつく □(1) **地図**中のロンドン，パース，サンフランシスコのうち，サンフランシスコの雨温図を表したものを，次の**ア～ウ**から１つ選び，記号で答えなさい。また，そう判断した理由を，6月から9月の気温と降水量に着目して，簡単に答えなさい。（記号8点，理由10点）

記号（　　　）　理由（　　　　　　　　　　　　　　　　　　　　　　　　　　　）

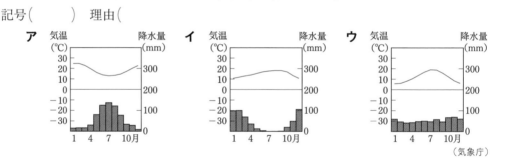

（気象庁）

★重要 □(2) 右の**資料**から，**地図**中の**A～C**の国の宗教別人口構成にあてはまるものを１つずつ選び，記号で答えなさい。（6点×3）〔兵庫－改〕

A（　　　）　B（　　　）　C（　　　）

資料

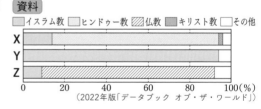

（2022年版「データブック オブ・ザ・ワールド」）

□(3) **地図**中の**P～R**の地域にあてはまる衣装を，次の**ア～ウ**から１つずつ選び，記号で答えなさい。（6点×3）

P（　　　）

Q（　　　）

R（　　　）

ア 　イ 　ウ

✔ Check Points　**1** (1) ロンドンは西岸海洋性気候，パースとサンフランシスコは地中海性気候である。北半球と南半球では，季節が逆になることに注意する。

入試攻略Points
(→別冊 p.4)

❶熱帯・温帯・冷帯(亜寒帯)・寒帯・乾燥帯の特色についておさえておこう。
❷雨温図から各気候の特色を読み取れるようにしておこう。
❸キリスト教・イスラム教・仏教のおもな信仰地域をおさえておこう。

2 [世界のくらし] 次の地図を見て，あとの問いに答えなさい。

□(1) **地図**中の**A～D**の地域の食事にあてはまるものを，あとの**ア～エ**から1つずつ選び，記号で答えなさい。(6点×4)

A(　　) **B**(　　)
C(　　) **D**(　　)

ア じゃがいもの原産地であり，主食として蒸して食べる。
イ 米の粉からつくった麺を，箸を使って食べる。
ウ タロいもをバナナの葉で包み，蒸し焼きにして食べる。
エ ライ麦でつくったパンや野菜を漬物として保存したものを食べる。

地図

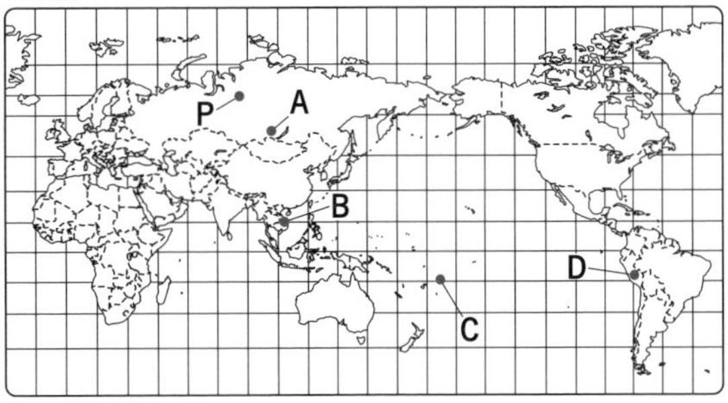
P
A
B
C
D

差がつく □(2) **地図**中の**P**の地域には，下の**図Ⅰ**の建物が見られる。この建物が高床式になっている理由を，「永久凍土」の語句を用いて，次の文に合わせて簡単に答えなさい。(10点)〔沖縄〕

(　　　　　　　　　　　　　　　　　　　　　　　　　　)

建物から(　　　　　　　　　　　　)建物が傾くのを防ぐため。

(3) アンデス山脈のくらしについて，次の問いに答えなさい。(6点×2)

図1

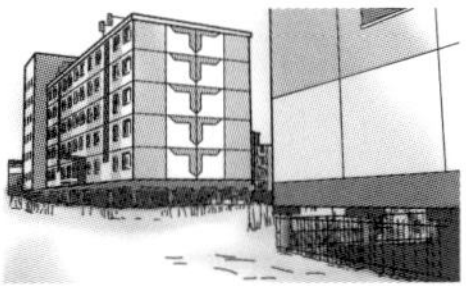

図2

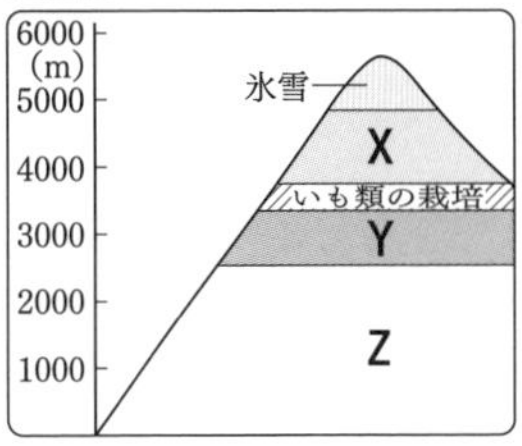
6000
(m)
5000
4000
3000
2000
1000
氷雪
X
いも類の栽培
Y
Z

□① 高地で放牧されるおもな家畜を，次の**ア～エ**から1つ選び，記号で答えなさい。
〔大阪〕(　　)

ア 馬　　**イ** らくだ
ウ アルパカ　　**エ** トナカイ

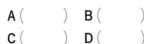

□② その家畜が放牧される地域を，**図2**中の**X～Z**から1つ選び，記号で答えなさい。

(　　)

記述問題にチャレンジ

右の図は，インドネシアで見られる住居である。**高床で風通しをよくしている理由を，熱帯の気候の特徴に着目して答えなさい。**〔山形〕

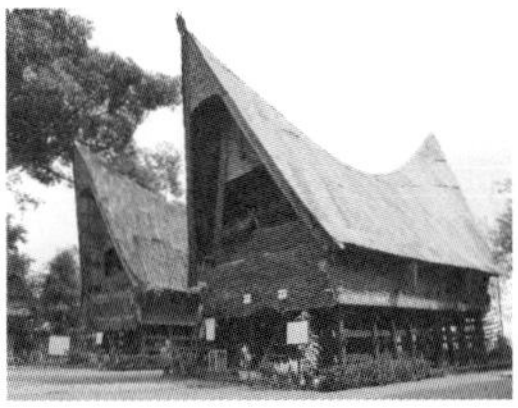

〔　　　　　　　　　　　　　　　　　　　　〕

Check Points

2 (3) ②家畜の放牧は，気温が低い地域や，降水量が非常に少なく，農作物の栽培に適さない地域でおもに行われる。

入試重要度 A B C

世界の諸地域 ①
東アジア

4 時間目

月 日

時 間 **40**分
合格点 **80**点
得点 点

解答➡別冊 p.5

1 ［アジア州の自然・特色］次の地図を見て，あとの問いに答えなさい。

□(1) **図 I** は，**地図**中の **X ～ Z** のいずれかの雨温図である。あてはまるものを 1 つ選び，記号で答えなさい。(6点) （　　）

地図

□(2) **図 2** は，州別の面積と人口の割合を示している。アジア州にあてはまるものを図中の **a ～ d** から 1 つ選びなさい。(6点) （　　）

図 1
気温(℃) 降水量(mm)
30 20 10 0 -10 -20 -30
300 200 100 0
1　4　7　10月
（気象庁）

□(3) **A** の川の名称を答えなさい。(6点) （　　）

✍差がつく □(4) **B** の⬭で行われている遊牧を，「家畜」の語句を用いて，簡単に答えなさい。(8点)
（　　　　　　　　　　　　　　）

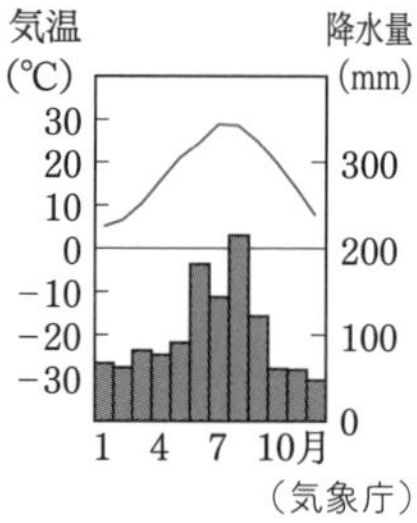

図 2

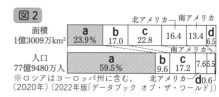

北アメリカ　南アメリカ

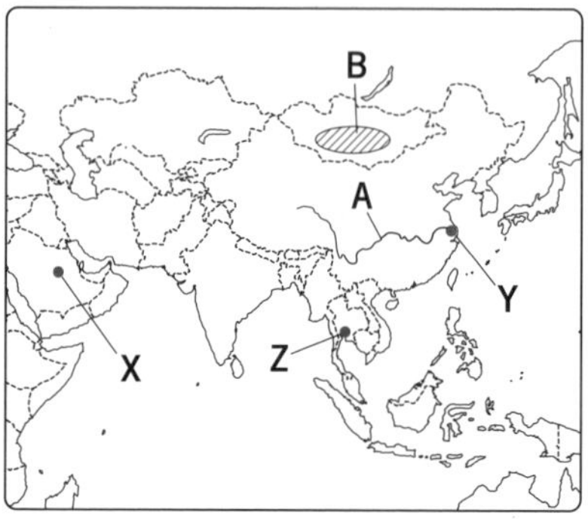

| 面積 1億3009万km² | a 23.9% | b 17.0 | c 22.8 | 16.4 | 13.4 | d 6.5 |

南アメリカ

| 人口 77億9480万人 | a 59.5% | | b 9.6 | c 17.2 | 7.6 5.5 |

北アメリカ d0.6
※ロシアはヨーロッパ州に含む。
（2020年）（2022年版「データブック オブ・ザ・ワールド」）

★重要 **2** ［中国の特色・農業］次の地図を見て，あとの問いに答えなさい。(4点×7)

□(1) 中国の人口の約 90％を占める民族を何というか，答えなさい。 （　　　　　　）

地図

□(2) 中国の人口増加をおさえるために 2015 年までとられていた政策を何というか，答えなさい。
（　　　　　　）

□(3) 中国の首都では 2008 年，2022 年の 2 回，オリンピックが開かれた。その首都を**地図**中の **O ～ S** から 1 つ選び，記号で答えなさい。また，都市名を答えなさい。
記号（　　）都市名（　　　　）

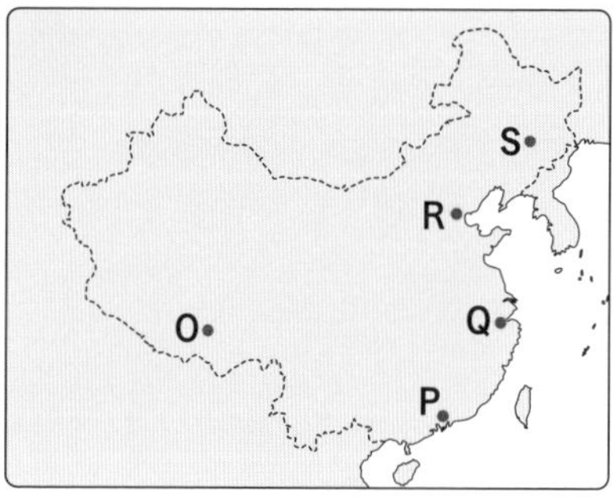

□(4) 次の **A・B** は，**地図**中の **O ～ S** のいずれかの都市周辺の農業について述べたものである。あてはまるものを 1 つずつ選び，記号で答えなさい。
A（　　）B（　　）

A 稲の二期作が行われている。　B 羊などを飼う牧畜が行われている。

□(5) 右の**図**は，ある農産物の国別生産割合を示している。この農産物を，次の **ア～ウ** から 1 つ選び，記号で答えなさい。 （　　）

ア 小麦　イ 米　ウ 天然ゴム

図
インドネシア7.2
バングラデシュ7.3　ベトナム5.7

| 7.57億t | 中国 28.0% | インド 23.6 | | | その他 |

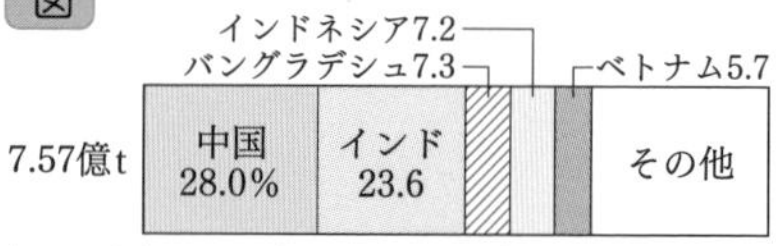

（2020年）（2022/23年版「日本国勢図会」）

✔ Check Points　**2** (4) 稲は高温で降水量の多い地域で栽培されており，農作物の栽培が困難な地域では牧畜が行われる。

●アジアの人口や面積，地形の特色などをおさえておこう。
入試攻略Points　❷中国の産業(農業・工業)の特色をおさえておこう。
(→別冊 p.5)　❸中国の課題をおさえておこう。

重要　**3** ［中国の工業・産業・くらし］次の地図を見て，あとの問いに答えなさい。

□(1) 地図中の▲は，外国企業を積極的に誘致して
いる地区である。これらの地区を何というか，
答えなさい。(6点)　（　　　　　　　　）

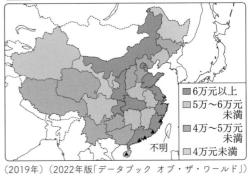
地図 中国の地域別GDP(一人あたり)

凡例：
■ 6万元以上
□ 5万～6万元未満
□ 4万～5万元未満
□ 4万元未満
不明

(2019年)（2022年版「データブック オブ・ザ・ワールド」）

差がつく □(2) 中国が(1)の地区を設けている目的を，簡単に
答えなさい。(9点)
（　　　　　　　　　　　　　　　）

□(3) 近年，工業生産が大きくのび，世界各地に製
品を輸出するようになった中国は何とよばれ
るか，5字で答えなさい。(6点)
（　　　　　　　　　　　）

□(4) 地図中に示した一人あたりのGDP(国内総生産)は，地域によりどのような特色が見られ
るか。「沿岸部」「内陸部」の語句を用いて，簡単に答えなさい。(10点)
（　　　　　　　　　　　　　　　　　　　　　　　　　　　　　　　）

4 ［朝鮮半島］次の地図を見て，あとの問いに答えなさい。(5点×3)

□(1) 韓国の首都の位置を，地図中のA～D
から1つ選び，記号で答えなさい。
（　　　）

表 韓国の輸出品目の変化

1980年 181億ドル

衣服 16.3%	機械類 13.3	繊維類 12.2	鉄鋼 9.1	船舶 6.8	その他 42.3

2019年 5422億ドル　プラスチック類5.3

40.8%	11.5		鉄鋼4.8	その他 29.9

自動車　石油製品7.7
(2021/22年版「世界国勢図会」など)

地図

□(2) 朝鮮半島にある2つの国の国境とな
っている緯度を答えなさい。
〔宮崎－改〕（　　　　　　　）

□(3) 表の　　　　　にあてはまるものを，次のア～エから1つ選びなさい。
ア 衣類　　イ 石油　　ウ 鉄鉱石　　エ 機械類
（　　　）

✎ 記述問題にチャレンジ

中国の東北地方・華北での農業と華中・華南での農業のちがいを，**下の資料を参考に次の文に
続く形で**，「稲作」「小麦」の語句を用いて，簡単に
答えなさい。〔岩手－改〕

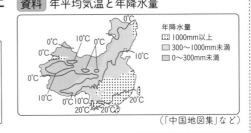
資料 年平均気温と年降水量

年降水量
▦ 1000mm以上
▨ 300～1000mm未満
□ 0～300mm未満

(「中国地図集」など)

東北地方・華北は

華中・華南は

1時間目 2時間目 3時間目 **4時間目** 5時間目 6時間目 7時間目 8時間目 9時間目 10時間目 11時間目 12時間目 13時間目 14時間目 15時間目 総仕上げテスト

✔ Check Points　**3** (4) 中国の沿岸部と内陸部の経済格差を是正するために，西部大開発とよばれる電力の供給，
ダムの建設，鉄道の整備などに国をあげて取り組んでいる。

11

5 時間目

世界の諸地域 ②

東南アジア，南アジア

解答➡別冊 p.6

時間 **40**分
合格点 **80**点
得点　　　　点

月　　　日

★重要 **1** 〔東南アジア，南アジアの気候・宗教・農業〕次の地図を見て，あとの問いに答えなさい。

□(1) アジアの気候は季節風(モンスーン)の影響を強く受けている。季節風の影響についての説明として適切なものを，次の**ア〜エ**から1つ選び，記号で答えなさい。(6点)（　　　）

　　ア 夏の季節風は北東から吹くので，雨が少なく干ばつがおこりやすい。

　　イ 季節風は年間を通じて風向きが一定で，季節の移り変わりが見られない。

　　ウ 冬の季節風は多量の雨をもたらすので，この時期に稲作が行われる。

　　エ 季節風は夏と冬で風向きが変化し，低緯度地域では雨季と乾季が見られる。

地図

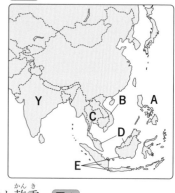

✎差がつく □(2) 次の説明にあてはまる国を，**地図**中の**A〜E**から選び，記号と国名を答えなさい。(5点×2) 記号（　　　）国名（　　　　　　）

　　　国民の半数以上はイスラム教徒である。日本や韓国をモデルとしたルックイースト政策により工業化を進め，輸出品では，半導体などの電子部品や電気機械製品の輸出がのびている。

□(3) **地図**中の**A〜E**の国をはじめ，東南アジア10か国で構成される，経済発展と政治・社会・文化の各分野での協力を目的とした組織を何というか，答えなさい。(8点)（　　　　　　　　　）

□(4) **図1**のグラフは，ある農産物の世界の総生産量に占める各国の割合を示している。この農産物は何か，答えなさい。(グラフ中の**B〜E**国は**地図**中の**B〜E**である。)(8点)（　　　　　　）

□(5) **図1**のグラフの農産物は，かつて植民地であった時代につくられた□□□□で大規模に栽培されている。□□□□にあてはまる語句を，カタカナで答えなさい。(8点)〔千葉〕（　　　　　　）

□(6) **図2**のグラフは，ある農産物の輸出国とその割合を示している。この農産物は何か，答えなさい。(グラフ中の**B・C**国は**地図**中の**B・C**である。)(8点)（　　　　　　）

□(7) **図3**のグラフは，**地図**中の**Y**で示した国の宗教別人口の割合を示している。□□□□にあてはまる宗教名を答えなさい。(8点)（　　　　　　）〔三重・鳥取−改〕

図1

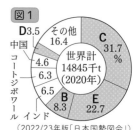

（2022/23年版「日本国勢図会」）

図2

（2022/23年版「日本国勢図会」）

図3

（2021/22年版「世界国勢図会」）

✓ Check Points **1** 東南アジア諸国は，豊富な鉱産資源の輸出に頼るモノカルチャー経済からの脱却をはかるため，工業団地の誘致や輸出加工区の設置を進め，外国の資本と技術の導入に成功している。

1時間目
2時間目
3時間目
4時間目
5時間目
6時間目
7時間目
8時間目
9時間目
10時間目
11時間目
12時間目
13時間目
14時間目
15時間目
総仕上げテスト

 入試攻略Points
(→別冊p.6)

❶東南アジア諸国の産業構造の変化をおさえておこう。
❷インドの工業化や情報通信技術(ICT)産業などの発達をおさえておこう。
❸西アジアのイスラム教にもとづく生活についておさえておこう。

2 ［インドの産業］インドに関する，次の問いに答えなさい。(6点×4)

□(1) 右の資料はインドのおもな輸出品の割合と輸出総額を表している。次の文は資料から考えたことをまとめたものである。 **X** ， **Y** にあてはまる数字を整数で答えなさい。

X（　　　） Y（　　　）

1992年			2020年	
輸出品	％		輸出品	％
衣類	15.0		機械類	11.8
ダイヤモンド	14.5		石油製品	9.7
繊維品	14.2		医薬品	7.3
機械類	4.2		有機化合物	5.8
魚介類	3.2		ダイヤモンド	5.5
その他	48.9		その他	59.9
輸出総額　207億ドル			輸出総額　2755億ドル	

(2022/23年版「日本国勢図会」など)

> 2020年の輸出総額は，1992年の輸出総額に比べて，約 **X** 倍になっている。機械類については，割合が約3倍になり，輸出額が約 **Y** 倍になっていることなどから，機械工業が発達したことがうかがえる。

重要 □(2) 近年，インドのベンガルールなどで情報通信技術(ICT)産業がさかんになっている。その理由を示した次の文の **A** ， **B** にあてはまる語句・数字を答えなさい。〔山形－改〕

A（　　　　　） B（　　　　　）

> インドは **A** が準公用語であり，情報通信技術(ICT)産業の先進国であるアメリカ合衆国との時差がほぼ **B** 時間であることから，両国で24時間連続して開発が可能である。

3 ［西アジアの産業］西アジアに関する，次の問いに答えなさい。

□(1) 右の**地図**は西アジアの一部であり，■印は原油の産出地を示している。**地図**中 **a** の湾名と **b** の国名を答えなさい。(6点×2)

a（　　　　　　） b（　　　　　　）

地図
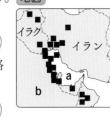

重要 □(2) 西アジアや北アフリカ諸国を中心とした原油産出国が生産調整や価格の安定を目的に結成した国際組織を何というか，答えなさい。(8点)

〔高知－改〕（　　　　　　　　）

✏ 記述問題にチャレンジ

タイの輸出品目と輸出総額の変化の特徴について，資料をもとに簡単に答えなさい。〔鹿児島－改〕

資料

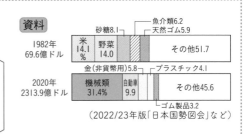

(2022/23年版「日本国勢図会」など)

✔ Check Points **3** 西アジアは，大部分が乾燥帯であり，オアシスで小麦・綿花などを栽培し，その周辺では羊・やぎ・らくだなどの遊牧が見られる。人々の多くはイスラム教を信仰している。

入試重要度 A B C

世界の諸地域 ③

ヨーロッパ州

時間 **40**分
合格点 **80**点
解答➡別冊 p.6

得点

点

★重要 **1** ［ヨーロッパの自然・国々］次の地図を見て，あとの問いに答えなさい。

□(1) **地図中のA**の地域に見られる，氷河によって削られてできた海岸地形のことを何とよぶか，答えなさい。(6点)

（　　　　　　　　）

□(2) 右下のグラフはパリと東京の気温・降水量を示している。パリが高緯度であるにもかかわらず温帯に属しているのは，暖流(**地図中のB**)の上を年じゅう西から東に向かって吹く（　　　）が大陸に暖かい空気をもたらすからである。（　　　）にあてはまる語句を答えなさい。

(5点)（　　　　　　　　）

□(3) パリを首都とする国でおもに信仰されているキリスト教の宗派と言語を，次の**ア～カ**からそれぞれ1つずつ選び，記号で答えなさい。(完答5点)（　　　・　　　）

ア プロテスタント　　**イ** カトリック
ウ 正教会　　　　　　**エ** ゲルマン系言語
オ ラテン系言語　　　**カ** スラブ系言語

□(4) **地図中のC**の海峡を結ぶ地下トンネルの名称を答えなさい。(8点)（　　　　　　　　）

□(5) **地図中のD**には，ヨーロッパ最大の工業地域が広がっている。この工業地域の名称を答えなさい。(6点)（　　　　　　　　）

(6) ヨーロッパ連合(EU)について，次の資料を見て，あとの問いに答えなさい。

差がつく □① EUの本部がある都市名を答えなさい。(6点)

（　　　　　　　　）

差がつく □② 右の**資料1**と**資料2**を見て，EUに加盟した時期と，一人あたりのGNI(国民総所得)との関係について，読み取れることを簡単に答えなさい。(9点)

（

□③ ②で読み取れたことをふまえて，EUが抱える問題について簡単に答えなさい。(9点)

（　　　　　　　　　　　　　　　　　　　　）〔山口－改〕

地図

気温・降水量グラフ

気温
(℃)
パリ　東京　降水量
(mm)

1 4 7 10月　1 4 7 10月
（気象庁）

資料1 EUに加盟した時期

☐EC発足時(1967年)
☐1973～1995年
▨2004年以降

※ECはEUの基礎となった組織。マルタは2004年に加盟。ドイツは旧西ドイツの加盟年を示している。イギリスは2020年に離脱。

資料2 一人あたりのGNI

☐30000ドル以上
☐15000～30000ドル
▨15000ドル未満

※マルタは30000ドル以上。
(2019年)　(2021/22年版「世界国勢図会」)

✔ Check Points **1** (6) EU加盟国数は，イギリスが2020年に離脱したため2022年7月現在，27か国。共通通貨ユーロは，すべての加盟国が採用しているわけではない。

入試攻略Points
(→別冊 p.7)

❶EU 成立の過程と，EU による地域統合の利点と欠点をおさえておこう。
❷国境をこえて結びつくヨーロッパの産業の特色をおさえておこう。
❸ヨーロッパのおもな国の特徴をおさえておこう。

重要 **2** ［ヨーロッパの自然・産業］次の地図を見て，あとの問いに答えなさい。

□(1) **地図中Xの緯線の緯度を答えなさい。**(7点)

（　　　　　　　）

□(2) **地図中Yの山脈名を答えなさい。**(6点)

（　　　　　　　）

□(3) **地図中Zは，複数の国を流れて外国船の自由航行が国際的に認められている河川である。このような河川を何とよぶか，答えなさい。**(7点)

（　　　　　　　）

□(4) **地図中の×の地点で産出される鉱産資源を答えなさい。**

(6点)（　　　　　　　）

地図

□(5) 下の**ア～ウ**の帯グラフは，**地図中A～C**の国の発電エネルギー源別割合を示したものである。**B国とC国**にあてはまるものを，次の**ア～ウ**から１つずつ選び，記号で答えなさい。(5点×2)

B国（　　　）　C国（　　　）

	水力12.2%	火力10.0	原子力71.1	地熱・新エネルギー6.7
ア				

ウ	60.1	11.8	24.2
	3.8%		

イ	95.2%	2.2 2.7

※合計が100％になるように調整していない。
(2018年)(2021/22年版「世界国勢図会」)

□(6) 右の**P・R**の帯グラフは，ある国のおもな輸出品目とその割合を示したものである。**P・R**にあてはまる国を**地図中A～D**から１つずつ選び，記号で答えなさい。

(5点×2) P（　　　）R（　　　）

	機械類19.2%	8.7	7.9	5.9	その他58.3
P		自動車		医薬品	

	機械類24.7%	7.6	7.3		その他55.9
R		医薬品	航空機		

自動車　衣類4.5
(2020年)(2022/23年版「日本国勢図会」)

📝 記述問題にチャレンジ

EU に加盟している国の多くが共通して実施している政策を，右の資料をもとに「ユーロ」の語句を用いて，簡単に答えなさい。〔山口－改〕

フランスやドイツなどで使用されている通貨

車の通行量が多いフランスとドイツの国境

 Check Points **2** (5) 2011 年の福島第一原子力発電所の事故をきっかけに，ドイツでは「脱原子力」と再生可能エネルギーの利用が進み，現在は「脱炭素」による二酸化炭素の削減を目ざしている。

15

7 時間目

入試重要度 `A` B C

世界の諸地域 ④
北アメリカ州，南アメリカ州

月　　日

時間 **40**分
合格点 **80**点
得点　　　点

解答⇒別冊 p.8

★重要 **1** ［アメリカ合衆国の産業・社会］アメリカ合衆国について，次の問いに答えなさい。

□(1) **地図**中の**A・B**の山脈のうち，新期造山帯に属するものを記号で選び，その名称を答えなさい。(5点×2)

　　　　記号(　　　)

　　　名称(　　　　　　山脈)

□(2) 1970年代以降，安く広い土地と豊かな労働力を背景に，先端技術(ハイテク)産業を中心に工業が発展した**地図**中の**X—Y**の緯線からほぼ南の地域の名称を答えなさい。(5点) (　　　　　　)

□(3) サンフランシスコ南部のサンノゼ近郊に広がる，コンピューターなどの先端技術に関連した工業が発達した地域の名称を答えなさい。(5点) (　　　　　　)

□(4) 五大湖周辺で古くから工業が発達した理由を，資源の面から簡単に答えなさい。(10点)
(　　　　　　　　　　　　　　　　　　　　　　　　　　　　　　　)

✎差がつく □(5) 下の**表**と**資料**を参考にして，アメリカ合衆国の農業生産活動の特色を「農地」，「大型機械」の2つの語句を用いて，簡単に答えなさい。(10点)〔岐阜－改〕
(　　　　　　　　　　　　　　　　　　　　　　　　　　　　　　　)

表 日本とアメリカの農業経営の比較

	日本	アメリカ
農民一人あたりの農地の面積(2012年)	3.7 ha	169.6 ha
農民一人あたりの機械の保有台数(2007年)	1.64台	1.77台

(FAOSTAT)

資料 アメリカの大規模なかんがい農業

たくさんのスプリンクラーがついた，長さ400mのかんがい装置が散水しながら動く。

□(6) **地図**中の🏵で示した地域の農牧業の特色について適切に説明した文を，次の**ア～エ**から1つ選び，記号で答えなさい。(5点) (　　　)
　　ア 近くに大消費地があり，酪農がさかん。　　**イ** 大型機械を使い，小麦栽培がさかん。
　　ウ 温暖な気候を利用した綿花栽培がさかん。　　**エ** 混合農業がさかん。

□(7) **地図**中の▨は，ある農産物のおもな栽培地域を，右の**図**は，この農産物の世界の生産量と輸出量に占める各国の割合を示している。この農産物は何か，答えなさい。(5点) (　　　　　)

図

	アメリカ合衆国┐ ┌カナダ4.6				
生産	中国 17.6%	インド 14.1	ロシア 11.3	6.5	その他 45.9	761 百万t

	┌アメリカ合衆国				
輸出	ロシア 18.8%	13.2	カナダ 13.2	10.0	9.1	その他 35.7	199 百万t

(2020年)　　フランス┘　└ウクライナ
(2022/23年版「日本国勢図会」)

□(8) アメリカ合衆国に多い，世界各国に生産や販売の拠点をもつ企業を何というか，答えなさい。(5点) (　　　　　)

□(9) 近年，アメリカ合衆国で増えているスペイン語を話す中南米からの移民のことを何というか，答えなさい。(5点)〔山口・佐賀・愛知－改〕 (　　　　　)

✔ Check Points　**1** (9) 北アメリカ大陸の先住民をネイティブアメリカンとよぶ。また，アメリカ合衆国のように，複数の人種・民族から構成されている国家を多民族国家とよぶ。

●アメリカ合衆国の気候条件に応じた農業地帯の分布，大規模農業の特徴をおさえておこう。
②アメリカ合衆国の自然条件・社会条件に応じた工業の発展についておさえておこう。
③南北アメリカの人種・民族構成をおさえておこう。

入試攻略Points
（→別冊 p.9）

2 ［南北アメリカの特色］次の地図を見て，あとの問いに答えなさい。

□(1) 日本を地球の反対側に置いた位置を示すものを，**地図**中の **P～S** から１つ選びなさい。(5点) （　　　）

□(2) **地図**中 **X** の山脈名を答えなさい。(5点) （　　　）

重要 □(3) **地図**中の **A～D** は，緯線を 15 度おきに表したものである。赤道を示すものを **A～D** から選び，記号で答えなさい。(5点) （　　　）

□(4) **地図**中の◎は，ある鉱産資源の代表的な産地である。その鉱産資源を次から１つ選び，答えなさい。(5点) （　　　）

〔ボーキサイト　すず　ウラン　鉄鉱石〕

□(5) **地図**中の **Y** 国にくらす，先住民とヨーロッパ系移民との混血の人々を何というか，答えなさい。(5点) 〔熊本－改〕（　　　）

□(6) **資料**は，カナダ，アメリカ合衆国，メキシコの貿易相手国を表している。この３か国の関係について，**資料**を参考に「貿易協定」，「経済」の２つの語句を用いて，簡単に答えなさい。(10点)〔青森－改〕

〔カナダ，アメリカ合衆国，メキシコの３か国は，　　　〕

□(7) 右の**表**は，**地図**中の **a～d** の都市の７月の平均気温を示している。**d** にあたるものを，表の**ア～エ**から１つ選び，記号で答えなさい。なお，**ア**，**エ**は一年の各月の平均気温のうち，７月の平均気温が最高である。(5点)

（　　　）〔兵庫・福井・熊本・青森－改〕

地図

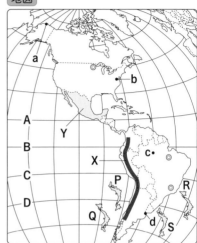

資料

カナダ　輸出入合計8186億ドル
| アメリカ合衆国 60.6% | 中国 9.7 | その他 21.3 |

イギリス2.6
メキシコ3.4 — 日本2.4

アメリカ合衆国　輸出入合計3兆7681億ドル
| 中国 14.9% | メキシコ 14.3 | カナダ 14.0 | その他 47.3 |

日本4.9 — ドイツ4.6

メキシコ　輸出入合計8229億ドル
| アメリカ合衆国 62.8% | 中国 10.4 | その他 19.3 |

韓国2.5
ドイツ2.6 — カナダ2.4

(2020年)(IMF Data「Direction of Trade Statistics」)

表 平均気温(℃)
	ア	イ	ウ	エ
7月	27.0	27.5	11.2	5.5

(2022 年版「理科年表」)

✏ 記述問題にチャレンジ

アメリカ合衆国の石油化学工業や電子工業は，生活費や税金が安いことから北緯 37 度以南のサンベルトに多く分布しているが，**この他に考えられる要因を 15 字程度で簡単に答えなさい。**〔島根〕

〔　　　〕

✔ **Check Points**　**2** (6) アメリカ合衆国の輸出相手国の上位はカナダ，メキシコ，中国で，輸入相手国の上位は中国，メキシコ，カナダ(2020 年)。アメリカ合衆国は輸入超過で**貿易赤字**となっている。

1時間目
2時間目
3時間目
4時間目
5時間目
6時間目
7時間目
8時間目
9時間目
10時間目
11時間目
12時間目
13時間目
14時間目
15時間目
総仕上げテスト

入試重要度　A **B** C

8時間目

世界の諸地域 ⑤
アフリカ州, オセアニア州

時　間	**40**分	得点
合格点	**80**点	点

解答➡別冊 p.9

1 ［アフリカ州の特色］次の地図を見て, あとの問いに答えなさい。(5点×10)

★重要 □(1) **地図**中の **a 〜 c** から赤道を, **d 〜 f** から本初子午線を
それぞれ1つ選び, 記号で答えなさい。

　　　　　　赤道(　　　)　　本初子午線(　　　)

□(2) **地図**中の世界最大の砂漠 **X**, 世界最長の川 **Y**, **Z** の湾
の名称をそれぞれ答えなさい。

　　　　X (　　　　　　　)　　Y (　　　　　　　)
　　　　　　　　　　　　　　　Z (　　　　　　　)

□(3) **図 I** は, **地図**中の **P 〜 S** のいずれかのものである。あ
てはまるものを1つ選び, 記号で答えなさい。

　　　　　　　　　　　　　　　　　　　　(　　　)

□(4) **図 2** は, ある農産物の生産量上位国の割合を示したも
のであり, 図中の **A**, **B** は**地図**中の **A**, **B** と同一であ
る。この農産物を答えなさい。(　　　　　　　)

□(5) 農産物を適正な価格で取り引きを行うことを何という
か, 答えなさい。(　　　　　　　)

□(6) **地図**中の□□□には, スマートフォンなどの電子機器に多く使われている金属の総称が入
る。この語句を答えなさい。〔群馬〕(　　　　　　　)

★重要 □(7) **地図**中のナイジェリアは, 輸出の約80%が原油である。このように特定の鉱産資源や農
産物の輸出に頼る経済の名称を答えなさい。(　　　　　　　)

地図

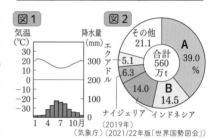

図1　気温(℃)　降水量(mm)　エクアドル

図2　その他 21.1　合計 560万t　A 39.0%　B 14.5　14.0　6.3　5.1
ナイジェリア　インドネシア
(2019年)
(気象庁)(2021/22年版「世界国勢図会」)

2 ［オーストラリアの国土・資源］次の地図を見て, あとの問いに答えなさい。(5点×4)

□(1) 首都キャンベラの位置を, **地図**中の **A 〜 D** から1つ選び,
記号で答えなさい。〔群馬〕(　　　)

□(2) **地図**中の **X ー Y** の断面の模式図を次の**ア〜ウ**から1つ選び,
記号で答えなさい。〔群馬－改〕(　　　)

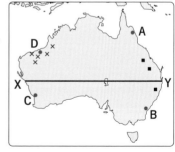

(国土地理院「地理院地図」)

地図

差がつく □(3) **地図**中の **×・■** で示した場所でおもに産出される鉱産資源を次の**ア〜エ**から1つずつ選
び, 記号で答えなさい。〔富山－改〕　　　　　×(　　　)　■(　　　)

ア 石炭　　**イ** 鉄鉱石　　**ウ** 金鉱　　**エ** 石油

✓ **Check Points**　■**1** (4) ヨーロッパに植民地支配されていたころ, 輸出用作物を大規模に栽培するプランテーショ
ン農業が行われた結果である。

入試攻略Points
（→別冊 p.9）

❶アフリカの産業の特徴とヨーロッパの植民地支配による影響をおさえておこう。
❷オーストラリアの自然・産業の特徴についておさえておこう。
❸アジアとの結びつきを強めるオセアニア州の特徴についておさえておこう。

3 ［オセアニアの特色］次の地図を見て，あとの問いに答えなさい。

重要 □(1) **地図**中のPで囲んだ国は，地震や火山が多く，日本列島と同じ造山帯に属している。この造山帯の名称を答えなさい。(5点)

（　　　　　　　　　　　）

□(2) **地図**中のQ国は，深刻な環境問題に直面しているが，どのような環境の変動で，どのようなおそれが生じているか，簡単に答えなさい。(10点)

（　　　　　　　　　　　　　　　　　　　　　）

地図

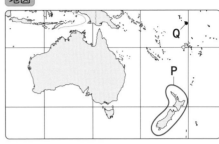

(3) オーストラリアについて，次の問いに答えなさい。

□① 1970年代までとられていた，特定の地域以外からの移民を制限する政策を何というか，答えなさい。(5点)〔群馬〕（　　　　　　　）

✍差がつく □② 1961年と2020年を比較した**資料１・資料２**からわかる，オーストラリアの輸出品目と貿易相手国の変化について，簡単に答えなさい。(10点)〔群馬〕

（　　　　　　　　　　　　　　　）

資料1 オーストラリアの輸出品目

砂糖　果実・野菜
1961年　羊毛　小麦　その他
牛肉　肉類
2020年　鉄鉱石　石炭　その他
金(非貨幣用)　機械類
0　20　40　60　80　100(%)
(2022/23年版「日本国勢図会」など)

資料2 オーストラリアの貿易相手国

	輸出		輸入	
	国名	割合(%)	国名	割合(%)
1961年	イギリス	23.9	イギリス	31.3
	日本	16.7	アメリカ合衆国	20.0
	アメリカ合衆国	7.5	西ドイツ	6.1
	ニュージーランド	6.4	日本	6.0
	フランス	5.3	カナダ	4.2
2020年	中国	39.9	中国	28.9
	日本	12.3	アメリカ合衆国	11.8
	韓国	6.2	日本	6.0
	アメリカ合衆国	5.2	タイ	4.9
	台湾	4.5	ドイツ	4.6

(2022/23年版「日本国勢図会」など)

✍ 記述問題にチャレンジ

右の図は，コートジボワールとナイジェリアの輸出品目の割合である。これらの国では，国の収入が安定しないという問題を抱えている。**その理由を「特定」「変動」の語句を用いて，簡単に答えなさい。**〔富山−改〕

〔　　　　　　　　　　　　　　　　　　　　　　〕

石油製品8.8　金(非貨幣用)8.5
コートジボワール　カカオ豆 28.1%　その他 54.6
その他
ナイジェリア　原油 82.3%　液化天然ガス 9.9　7.8
(コートジボワールは2019年，ナイジェリアは2018年)
(2021/22年版「世界国勢図会」)

✔ Check Points　**3** (3) ②オーストラリアやニュージーランドの国旗には，イギリスの国旗が図柄として取り入れられている。

1 時間目
2 時間目
3 時間目
4 時間目
5 時間目
6 時間目
7 時間目
8 時間目
9 時間目
10 時間目
11 時間目
12 時間目
13 時間目
14 時間目
15 時間目
総仕上げテスト

入試重要度 A B C

地域調査の手法

時間 **40**分
合格点 **80**点

解答➡別冊 p.10

得点　　　　点

□ **1** ［地形図の変化を読み取る］A くんは，国土地理院が平成 2 年と平成 18 年に発行した同じ地域の地形図（東京南部一部加工，縮小）をもとに地域調査を行った。下の地図中 A〜D で示した地域の変化について述べたア〜エのうち，誤っているものを 1 つ選び記号で答えなさい。(15 点) 〔香川〕　　　（　　　）

ア 地形図中 A で示した地域には，平成 2 年発行の地形図では広葉樹林が見られるが，平成 18 年発行の地形図では針葉樹林が見られる。

イ 地形図中 B で示した地域には，平成 2 年発行の地形図では交番が見られるが，平成 18 年発行の地形図では交番は見られない。

ウ 地形図中 C で示した地域には，平成 2 年発行の地形図では荒地が見られるが，平成 18 年発行の地形図では温泉が見られる。

エ 地形図中 D で示した地域には，平成 2 年発行の地形図では海が見られるが，平成 18 年発行の地形図では「あおみ」駅などの建物が見られる。

平成 2 年発行　　　　　平成 18 年発行

2 ［グラフ］次の問いに答えなさい。(15 点×2)

□(1) 右の図は，ある地域を 9 マス（1 マスたて・横の長さはそれぞれ 4 km）で表したものであり，**図 1** は社会資本などを，**図 2** は土地の様子を示している。これらの図の中で，電気機械の工場などの工業団地をつくる際に最も適切な場所はどのマスか答えなさい。

〔茨城〕（　　　　）

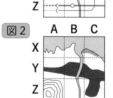
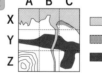

□(2) ある都道府県を調査する場合，グラフと項目の組み合わせとして適切でないものを，次のア〜エから 1 つ選び，記号で答えなさい。ただし，各グラフとも 3 つのデータを扱っているものとする。〔沖縄〕　　　（　　　）

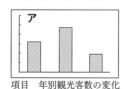 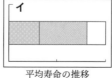 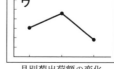 

項目　年別観光客数の変化　　　平均寿命の推移　　　　月別菊出荷額の変化　　　土地利用の内訳

✔ Check Points **1** 日本の地形図を発行しているのは国土交通省の**国土地理院**である。2 万 5 千分の 1 の縮尺の地形図では，地形図上の 1 cm が実際の距離では 250 m となる。

入試攻略Points
（→別冊 p.10）

❶地形図の基本事項について，方位・等高線・地図記号などを理解しよう。
❷代表的な地形（扇状地・三角州）の土地利用やその特徴についておさえておこう。
❸身近な地域を調査する際の手順，統計グラフの作成や読み取りの方法を理解しよう。

3 ［身近な地域の調査］次の地形図を見て，あとの問いに答えなさい。〔福島〕

重要 □(1) 地形図中の **X** と **Y** を結ぶ線の断面図として最も適当なものを，次の**ア**〜**エ**から１つ選び，記号で答えなさい。(15点)　（　　　）

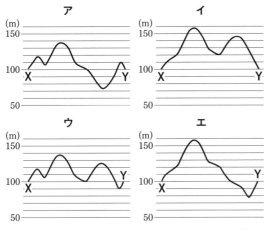

（国土地理院発行 2 万 5 千分の 1 地形図「八日市」）

□(2) 地形図中に表されている地図記号として適当なものを，次の**ア**〜**エ**から１つ選び，記号で答えなさい。(15点)　（　　　）

ア 老人ホーム　　**イ** 図書館　　**ウ** 小・中学校　　**エ** 高等学校

差がつく □(3) 地形図中の **Z** で示した水域は，海ではないと判断できる。そう判断できる理由を，**Z** の水域に最も近い三角点に示されている標高を明らかにして，次の書き出しに続けて簡単に答えなさい。(25点)

海面の標高は（　　　　　　　　　　　　　　　　　　　　　　　　　　　　　　　　　　）

📝 記述問題にチャレンジ

右の地形図は，甲府盆地東部の 2 万 5 千分の 1 の地形図である。**右の地形のようなところで果樹栽培がさかんな理由を，地形の特色をふまえて簡単に答えなさい。**〔岐阜−改〕

（国土地理院発行地形図「石和」）

✔ Check Points　**3** (3) 三角点（△）は，その場所の緯度，経度，標高を測量する際の基準となり，山頂や丘の上など見通しの良い場所に設置される。

1 時間目
2 時間目
3 時間目
4 時間目
5 時間目
6 時間目
7 時間目
8 時間目
9 時間目
10 時間目
11 時間目
12 時間目
13 時間目
14 時間目
15 時間目
総仕上げテスト

入試重要度　A　B　C

日本の地域的特色 ①
自然環境, 人口, 資源・エネルギー

解答➡別冊 p.11

時間 **40**分
合格点 **80**点
得点　　　点

1 ［日本の自然・人口］次の地図を見て, あとの問いに答えなさい。

□(1) 日本列島が含まれる造山帯を何というか, 答えなさい。（5点） (　　　　　　　　　　　)

 地図

□(2) **地図**中の**P**の, 山地や山脈が大きく向きを変える一帯の名称を答えなさい。（5点）〔秋田〕
(　　　　　　　　)

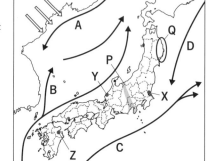

★重要 □(3) **地図**中の**Q**の, 三陸海岸の◯で示した範囲に見られる, 狭い湾や入り江が複雑に入り組んだ海岸を何というか, 答えなさい。（5点）〔群馬〕
(　　　　　　　　)

□(4) **地図**中の➡で示した**A〜D**の日本周辺の海流のうち, 寒流の組み合わせとして適切なものを, 次の**ア〜エ**から1つ選び, 記号で答えなさい。（5点）〔山口〕 (　　　)

　　ア A・B　　**イ** B・C　　**ウ** A・D　　**エ** C・D

★重要 □(5) **地図**中の⇨で示した冬に吹く日本付近の季節風(モンスーン)が, 日本の山脈にぶつかり日本海側に多くの雨や雪を降らせる理由を, 簡単に答えなさい。（10点）〔北海道〕
(　　　　　　　　　　　　　　　　　　　　　　　　　　　　　　　　　)

差がつく □(6) **地図**中の**X〜Z**の都市の雨温図を, 右の**ア〜ウ**から1つずつ選び, 記号で答えなさい。

（5点×3）〔北海道〕

X (　　　)
Y (　　　)
Z (　　　)

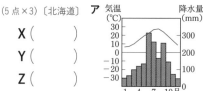
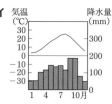
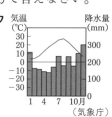

（気象庁）

差がつく □(7) 右の**ア〜ウ**は, 1920年, 1980年, 2015年のいずれかにおける日本の人口ピラミッドである。年代の古い順に記号で並べなさい。

（完答5点）〔沖縄〕

(　　　→　　　→　　　)

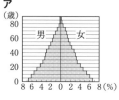
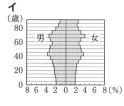
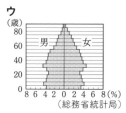

（総務省統計局）

□(8) 日本は少子高齢社会となっている。この少子化の理由を「子育て」の語句を用いて, また, 高齢化の理由を「医療技術」の語句を用いて簡単に答えなさい。（10点×2）

少子化の理由(　　　　　　　　　　　　　　　　　　　　　　　　　　　)
高齢化の理由(　　　　　　　　　　　　　　　　　　　　　　　　　　　)

✔ **Check Points**　**1** (8) 日本では太平洋戦争後, 女性の社会進出や晩婚化, 「子育て」の理由などから少子化が, 生活水準の向上や「医療技術」の影響で高齢化が急速に進んだ。

❶環太平洋造山帯の特徴などから，日本列島の自然の特色をおさえておこう。
入試攻略Points ❷日本を含む先進国と発展途上国の人口問題の特色をおさえておこう。
（→別冊 p.11） ❸日本の資源・エネルギーの課題についておさえておこう。

2 ［日本の資源・エネルギー］次の図を見て，あとの問いに答えなさい。

□(1) 右の**資料１**は，鉄鉱石の生産量，輸出量，輸入量を示したものである。この**資料１**から読み取れることとして適切なものを，次の**ア〜エ**から１つ選び，記号で答えなさい。(5点)〔京都−改〕

（　　　）

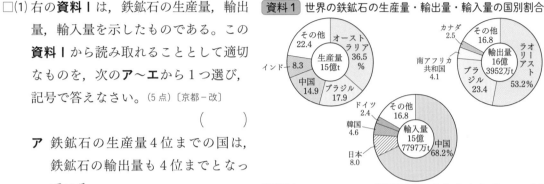

資料１ 世界の鉄鉱石の生産量・輸出量・輸入量の国別割合

（2017年） （2022年版「データブック オブ・ザ・ワールド」）

ア 鉄鉱石の生産量４位までの国は，鉄鉱石の輸出量も４位までとなっている。

イ オーストラリアの鉄鉱石の生産量と輸出量は，ブラジルのそれらの２倍に満たない。

ウ ブラジルの鉄鉱石の輸出量は，日本の鉄鉱石の輸入量の２倍以上である。

エ ブラジルの鉄鉱石の生産量は，日本・韓国・ドイツの鉄鉱石の輸入量合計より少ない。

重要 □(2) 右の図は，日本のおもな火力発電所，原子力発電所，水力発電所，風力発電所の位置を示したものである。あとの発電所を示しているものを，図中の**ア〜エ**から１つずつ選び，記号で答えなさい。

(5点×3)

火力発電所（　　　）
原子力発電所（　　　）
水力発電所（　　　）

（2022年版「データでみる県勢」など）

差がつく □(3) 日本のエネルギー事情における課題を，右の**資料２**をふまえて答えなさい。(10点)〔富山〕

（

）

資料２ 主要国のエネルギー自給率(%)

	アメリカ合衆国	中国	日本
石炭	125.8	94.5	0.4
原油	77.7	28.1	0.3
天然ガス	107.8	59.4	2.3

（2019年） （2022/23年版「日本国勢図会」）

✏ 記述問題にチャレンジ

図は，日本と世界のおもな川の，河口からの距離と標高を示したものである。**世界と比べた日本の川の特徴を簡単に答えなさい。**〔三重〕

（　　　　　　　　　　　　　　　）

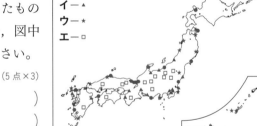

✔ Check Points **2** (2) 火力発電には天然ガスや石炭，原油，原子力発電には冷却用の豊富な水，水力発電には豊かな水量，風力発電には強い風が必要である。

1時間目 2時間目 3時間目 4時間目 5時間目 6時間目 7時間目 8時間目 9時間目 10時間目 11時間目 12時間目 13時間目 14時間目 15時間目 総仕上げテスト

日本の地域的特色 ②
産業，交通・通信

1 ［日本の産業］次の問いに答えなさい。

□(1) 下の**表1**は，右の**地図**に示した漁港が位置する4つの都道府県について，それぞれの漁業生産額，農業産出額の内訳，製造品出荷額(しゅっか)を示している。銚子港の位置する都道府県にあたるものを，**表1**の**ア～エ**から1つ選び，記号で答えなさい。(7点)　　　　（　　　）

□(2) 栽培漁業(さいばい)とはどのような漁業か，簡単に答えなさい。(10点)

（

□(3) 下の**表2**は，輸出入額上位4位の貿易港について，それぞれの主要輸出入品を示している。**表2**の**A～D**にあてはまる品目を，次の**ア～エ**から1つずつ選び，記号で答えなさい。(7点×4)

ア 衣類　　　　　**イ** 自動車
ウ 半導体等製造装置　**エ** 石油

地図
●は水あげ量の多い代表的な漁港を示している。
八戸港　釧路港
三陸海岸
銚子港
枕崎港

表1

	漁業生産額(億円)	農業産出額のおもな内訳(億円)				製造品出荷額(億円)
		米	野菜	果実	畜産	
ア	2307	1254	1951	71	7350	60489
イ	760	209	532	110	3227	19940
ウ	527	596	642	914	885	17271
エ	236	689	1305	114	1248	125183

(2019年)　（2022年版「データでみる県勢」）

A（　　　）　B（　　　）　C（　　　）　D（　　　）

表2

港名	輸出額(億円)	主要輸出品の輸出額に占める割合(%)	輸入額(億円)	主要輸入品の輸入額に占める割合(%)
成田国際空港	101588	**A**(8.4)，金(非貨幣用)(7.6)，科学光学機器(5.5)，電気計測機器(3.8)，集積回路(3.8)	128030	通信機(14.1)，医薬品(13.5)，コンピューター(9.8)，集積回路(8.0)，科学光学機器(6.3)
名古屋港	104137	**B**(24.6)，自動車部品(16.6)，内燃機関(4.1)，電気計測機器(3.4)，金属加工機械(3.2)	43160	液化ガス(7.4)，衣類(6.9)，**C**(5.8)，絶縁電線・ケーブル(5.1)，アルミニウム(3.9)
東京港	52331	自動車部品(5.8)，**A**(5.2)，コンピューター部品(5.1)，プラスチック(4.7)，内燃機関(4.4)	109947	**D**(8.3)，コンピューター(6.2)，肉類(4.5)，魚介類(4.0)，音響・映像機器(3.6)
横浜港	58200	**B**(15.9)，プラスチック(4.7)，内燃機関(4.4)，自動車部品(4.3)，ポンプ・遠心分離機(2.9)	40545	**C**(6.3)，有機化合物(3.4)，液化ガス(3.4)，衣類(2.9)，アルミニウム(2.8)

(2020年)　（2022/23年版「日本国勢図会」）

□(4) 右の**資料**は，京浜(けいひん)，北九州，中京，阪神(はんしん)のいずれかの工業地帯(地域)の製造品出荷額の構成を示したものである。あてはまるものを**資料**中の**ア～エ**から1つずつ選び，記号で答えなさい。(6点×4)

京浜（　　　）　北九州（　　　）
中京（　　　）　阪神（　　　）

資料

	金属	機械	化学	食品	繊維0.5	その他
ア 39.2兆円	10.6%	43.4	16.6	13.3		15.6
イ 59.0兆円	9.5%	68.6	4.7	6.6	0.7	9.9
ウ 33.7兆円	20.9%	37.9	15.9	11.1	1.3	12.9
エ 10.0兆円	17.0%	45.6	6.0	16.6	0.6	14.2

(2019年)　（2022/23年版「日本国勢図会」）

✔ Check Points　**1** (2) 1970年代以降，遠洋漁業(ぎょかく)の漁獲量が落ち込み，沖合漁業の漁獲量も減るなか，育てる漁業(かき・はまちなどの養殖業(ようしょく)，さけなどの栽培漁業)が増えてきている。

入試攻略 Points
(→別冊 p.13)

❶日本の農業や漁業の特色をおさえておこう。
❷日本の工業について，原料や製品の輸送面などの点からその分布や特色をおさえておこう。
❸交通通信網の発達が産業にもたらした影響についておさえておこう。

2 ［日本の資源・エネルギー］次の問いに答えなさい。

差がつく □(1) 右の**表Ⅰ**は，北海道の 2001 年と 2018 年の比較である。北海道の酪農経営がどのように変化しているかを，生乳生産量や乳用牛の飼育戸数の変化をふまえ，簡単に答えなさい。(10 点)〔熊本−改〕

表1

項目 年	生乳生産量（千 t）	乳用牛の飼育戸数（戸）	100 頭以上の飼育戸数(戸)	搾乳ロボット導入個数(戸)
2001 年	3640.7	9640	930	19
2018 年	3965.2	6140	1310	299

※生乳はしぼりたての乳で，牛乳や乳製品の原料。（「畜産統計」など）

(   )

□(2) 右の地方ごとの畜産産出額（2020 年）の**表2**を正しく読み取ったものを，次の**ア～エ**から 1 つ選び，記号で答えなさい。(7 点)
〔神奈川〕(   )

表2

地方	肉用牛	乳用牛	豚	鶏	その他	地方別合計
九州	2839	801	1941	2526	50	8157
北海道	960	4983	512	322	560	7337
関東	654	1311	1744	1438	34	5181
東北	939	697	1093	1647	37	4413
その他	1472	1520	1307	2792	107	7198
品目別合計	6864	9312	6597	8725	788	32286

（単位：億円） （総務省統計局）

ア 北海道の地方別合計は，地方別合計の総額の 5 割を上回っている。

イ 「鶏」の品目別合計は，品目別合計の総額の 5 割を上回っている。

ウ 北海道の「豚」は，北海道における畜産の品目の中で，最も産出額が大きい。

エ 九州の「肉用牛」は，他の地方における肉用牛の額と比べると，最も産出額が大きい。

重要 □(3) 右の**資料**中の**ア～エ**は，日本の果実，米，小麦，肉類のいずれかの食料自給率を表したものである。小麦と肉類のものを 1 つずつ選び，記号で答えなさい。
(7 点×2)　　　小麦(   ) 肉類(   )

資料

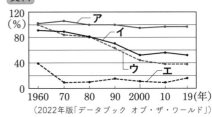

（2022年版「データブック オブ・ザ・ワールド」）

📝 記述問題にチャレンジ

右の 2 つの地図を見て，電気機器と輸送用機器の工場や，石油製品と化学製品の工場が，それぞれどのような場所に多く建設されているか，その理由とともに答えなさい。〔宮城〕

■ は，おもな電気機器と輸送用機器の工場。
▲ は，おもな石油製品と化学製品の工場。

[   ]

✔ Check Points　**2**(3) 食料自給率は，1960 年には，果実が 100%，米が 102%，小麦が 39%，肉類が 91% あったが，安価な外国産の輸入が増えて自給率が減少している。

入試重要度 A **B** C

日本の諸地域 ①
九州，中国・四国，近畿地方

12 時間目

時間 **40**分
合格点 **80**点
得点　　　点

解答➡別冊 p.13

---

1 ［九州，中国・四国地方］次の地図を見て，あとの問いに答えなさい。

☆重要 □(1) **地図のa・b**で示した山地の名称をそれぞれ答えなさい。(6点×2)

a（　　　　　　） b（　　　　　　）

□(2) **地図の▲**で示した山には，世界的な規模を誇る大きなくぼ地がある。このくぼ地を何というか，答えなさい。(6点)

（　　　　　　　）

□(3) **資料Ⅰ**は，**地図のX，Y，Z**の地点の気温と降水量を表している。**Y**地点のグラフを**ア～ウ**から1つ選び，記号で答えなさい。(5点) （　　　）

□(4) **地図のA～E**県のうち，県名と県庁所在地の名称が異なる県を2つ選び，記号と県庁所在地名をそれぞれ答えなさい。(記号3点×2，県庁所在地名4点×2)

記号（　　）県庁所在地名（　　　　）
記号（　　）県庁所在地名（　　　　）

□(5) **地図のP**の地域は稲作に適していない。この理由を簡単に答えなさい。(8点)

（　　　　　　　　　　　　　　　　　　　）

地図

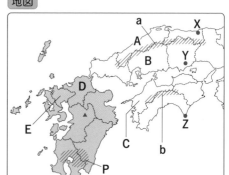

資料1

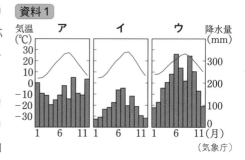

（気象庁）

差がつく □(6) **資料2**は**地図のA～E**県の工業出荷額，小売業販売額，農業生産額とその内訳を表している。**B**県と**C**県にあてはまるものを，**ア～オ**からそれぞれ1つずつ選び，記号で答えなさい。(5点×2) 　　　　　　　　　　B県（　　）C県（　　）

資料2

	工業出荷額※1（億円）	小売業販売額※1（億円）	農業生産額※2（億円）	農業生産額の内訳(億円)				
				米	野菜	果実	畜産	その他
ア	43303	15058	1226	150	197	532	259	88
イ	20839	8177	1219	227	343	197	342	110
ウ	98047	31209	1190	236	247	168	486	53
エ	12488	6814	620	189	101	43	253	34
オ	99760	57321	1977	344	707	239	384	303

（※1は2019年，※2は2020年）　（2022/23年版「日本国勢図会」など）

資料3

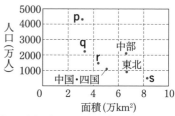

（2020年）（2022/23年版「日本国勢図会」）

□(7) **資料3**は日本の各地方の面積と人口を表している。**地図の▨**で示した地方にあてはまるものを，**資料3のp～s**より1つ選び，記号で答えなさい。(6点) （　　　）

〔福島・島根・滋賀－改〕

✓ Check Points **1** (3) 日本列島では，夏に暖かく湿った南東季節風が太平洋側へ，冬に冷たく乾いた北西季節風が日本海側へ吹く。瀬戸内は季節風の影響が小さい。

❶西日本の地形や気候の特色をおさえよう。

❷自然環境や文化遺産を保全するための条約や取り組みが行われていることをおさえよう。

❸自然条件や社会条件に合わせて，西日本では特色ある産業が行われている点をおさえよう。

入試攻略Points
（→別冊 p.14）

2 ［近畿地方］次の地図を見て，あとの問いに答えなさい。〔山形－改〕

□(1) 地図の**X**県にある湖の名称を答えなさい。(6点)　　　（　　　　　　　　　）

□(2) (1)の湖は，水鳥がえさをとる湿地と，そこの動植物を保全することを目的とする世界条約に登録されている。この条約名を答えなさい。(7点)　　　　　　（　　　　　　　　　）

地図

資料1　A～Dの産業と府県庁所在地人口

	工業出荷額※1 （億円）	小売業販売額※1 （億円）	農業生産額※2 （億円）	府県庁所在地人口※2 （千人）
A	57419	28150	642	1464
B	172701	98625	311	2752
C	163896	54297	1478	1525
D	21494	11121	395	355

（※1 は 2019 年，※2 は 2020 年）
（2022/23 年版「日本国勢図会」）

(3) 上の**資料Ⅰ**のA～Dは，**地図**の**i～iv**のいずれかの府県を示している。

□① **資料Ⅰ**のBの府県名を漢字で答えなさい。(7点)　　　　　（　　　　　　）

□② 次の**ア～エ**は，それぞれ**資料Ⅰ**のA～Dのいずれかについて述べたものである。Dについて述べたものとして適切なものを1つ選び，記号で答えなさい。(6点)　　（　　　）

ア 紀伊山地では，吉野すぎのような特色のある木材を生産している。

イ 本州四国連絡橋の一つである明石海峡大橋が通っている。

ウ 淀川河口付近では，テーマパークを建設するなどの再開発が進んでいる。

エ 西陣織などの伝統産業や，町家などの古い町並みが残っている。

重要 □(4) 右の**資料2**は，ある農産物の生産割合について示している。**資料2**のY県は，**地図**のY県である。ある農産物を表す地図記号を下の**ア～エ**から1つ選び，その農産物名を答えなさい。（地図記号6点，農産物名7点）

地図記号（　　　）　農産物名（　　　　　　　　）

　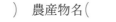

ア　　　　　　　　　　イ　　　　　　　　　ウ　　　　　　　　　　エ

資料2

Y県 21.8%
合計 76.6万t
静岡県 15.6
愛媛県 14.7
熊本県 10.8
その他 37.1

（2020年）
（2022/23 年版「日本国勢図会」）

✏ **記述問題にチャレンジ**

右のグラフは，東京の市場における，なすの総入荷量と高知県産の入荷量，およびなすの価格の動きを示している。**高知県が，夏場を除いて東京までなすを出荷している理由を，総入荷量と価格の動きに着目して答えなさい。**〔長崎－改〕

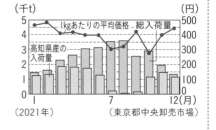

1kgあたりの平均価格　総入荷量
高知県産の入荷量
（2021年）（東京都中央卸売市場）

［　　　］

✓ Check Points　**2** (2) **イラン**の都市名が条約名に使われている。この条約では，水鳥以外にも，絶滅のおそれのある動植物が生育・生息しているところも登録の対象となっている。

1時間目
2時間目
3時間目
4時間目
5時間目
6時間目
7時間目
8時間目
9時間目
10時間目
11時間目
12時間目
13時間目
14時間目
15時間目
総仕上げテスト

入試重要度　A B C

日本の諸地域 ②
中部，関東地方

解答➡別冊 p.14

| 時間 | 40分 |
| 合格点 | 80点 |

得点

点

1 ［中部地方］次の地図を見て，あとの問いに答えなさい。〔青森－改〕

□(1) **地図**中の**X～Z**の山脈の組み合わせとして適切なものを，次の**ア～エ**から１つ選び，記号で答えなさい。(8点)　（　　　）

ア X：赤石山脈　Y：飛驒山脈　Z：木曽山脈

イ X：飛驒山脈　Y：木曽山脈　Z：赤石山脈

ウ X：木曽山脈　Y：赤石山脈　Z：越後山脈

エ X：越後山脈　Y：木曽山脈　Z：飛驒山脈

地図

・県庁所在地

新潟県　富山県　石川県　福井県　岐阜県　愛知県　長野県　山梨県　静岡県　X Y Z

□(2) **地図**中の９つの県のうち，県名と県庁所在地名が異なる県の数を答えなさい。(8点)　（　　　）

★重要 □(3) **資料Ⅰ**は，**地図**中の新潟県，長野県，静岡県，愛知県の人口密度や産業別就業者割合などを示している。このうち長野県にあてはまるものを，**資料Ⅰ**の**ア～エ**から１つ選びなさい。(8点)　（　　　）

資料1

	人口密度※1（人/km²）	産業別就業者割合※2			米の産出額※3（億円）	野菜の産出額※3（億円）
		一次(%)	二次(%)	三次(%)		
ア	151	8.5	28.7	62.7	473	818
イ	1459	2.1	32.7	65.3	298	1010
ウ	467	3.3	33.4	63.3	198	607
エ	175	5.3	29.7	65.1	1501	317

（※1 は 2020 年推定，※2 は 2017 年，※3 は 2019 年）
（2022 年版「データでみる県勢」）

□(4) 愛知県を中心に形成する工業地帯名を答えなさい。(10点)　（　　　）

差がつく □(5) **資料2**，**資料3**の愛知県の製造業についての統計から読み取ることのできる内容として適切なものを，次の**ア～エ**から１つ選び，記号で答えなさい。(8点)　（　　　）

ア 1960 年に比べて 2019 年の繊維は，産業別事業所数と産業別出荷額の割合が，20 分の１以下となった。

イ 1960 年に比べて 2019 年の食料品は，産業別事業所数が減少し，産業別出荷額は 10 倍以上に増加した。

ウ 1960 年に比べて 2019 年の産業別事業所数が増加した産業は，いずれも産業別出荷額の割合が高くなった。

エ 1960 年に比べて 2019 年の製造業事業所の総数は減少し，製造品出荷額の総額は 50 倍以上に増加した。

資料2 製造業事業所の総数と産業別事業所数

化学211　食料品2177

22639社（1960年）　機械3196　繊維8635　その他6405

金属2015社　862

15063社（2019年）　2826社　5530　4346　272　1227

（2020年版「工業統計表」など）

資料3 製造品出荷額の総額と産業別出荷額の割合

化学7.3　食料品

1.4兆円（1960年）　機械28.6　8.6　繊維30.4　その他14.9

金属10.2%

47.9兆円（2019年）　9.6%　71.7　9.2　4.3　4.5　0.7

（2020年版「工業統計表」など）

✓ Check Points　**1** (3) 北陸地方では，冬場は雪が降り農業ができないため，副業として，地元の原材料を用いた伝統産業や地場産業が発達してきた。しかし，近年は後継者不足により衰退している。

入試攻略Points
(→別冊 p.15)

❶中部地方の自然・産業の特色をおさえておこう。
❷日本の中枢機能をになう関東地方の産業・人口の特色をおさえておこう。
❸交通・貿易などの特徴から，中部地方・関東地方の工業の特色をおさえておこう。

2 ［関東地方］次の地図を見て，あとの問いに答えなさい。

□(1) 冬の関東地方には，**地図**中の ◻ X ◻ 山脈をこえて ◻ Y ◻ とよばれる乾燥した北西の季節風が吹く。 ◻ X ◻ ， ◻ Y ◻ にあてはまる語句を答えなさい。(7点×2)

地図

X（　　　　　） Y（　　　　　）

□(2) **地図**中の銚子港での漁獲量の多い魚の種類を，次の**ア～エ**から1つ選び，記号で答えなさい。(8点)〔大阪－改〕　　（　　　）

ア かつお類　　**イ** いわし類　　**ウ** まぐろ類　　**エ** たら類

□(3) **地図**中のA～C県は，大消費地の東京都に近く，野菜などの農産物を新鮮なうちに出荷できる。このような利点を生かした農業を何というか，答えなさい。(7点)（　　　　　　　　）

重要 □(4) **地図**中の東京都とA～C県の昼夜人口のちがいについてまとめた下の文と**資料I**の，a，bには昼間人口，夜間人口のいずれかを，cにはあてはまることばをそれぞれ答えなさい。

(a・b…7点×2, c…8点)　　a（　　　　　）　b（　　　　　）
c（　　　　　　　　　　　　　）

> 東京都では， ◻ a ◻ のほうが ◻ b ◻ よりも多いことがわかる。その理由として，多くの人が，東京都へ周辺の県から ◻ c ◻ ことが考えられる。

資料I

都県名	◻ a ◻ (万人)	◻ b ◻ (万人)
東京都	1592	1352
A県	646	727
B県	832	913
C県	558	622

(2015年)　　(2022/23年版「日本国勢図会」)

□(5) 右の**資料2**の**ア～エ**の工業出荷額のグラフは，それぞれ**地図**の東京都かA～C県のいずれかのものを示している。東京都にあたるものを，**ア～エ**から1つ選び，記号で答えなさい。(7点)〔山形〕　　（　　　）

資料2

ア 総額17.9兆円

輸送用機械 21.0%	化学 13.1	石油・石炭製品 11.0	その他 54.9

イ 総額14.0兆円

輸送用機械 17.4%	食料品 14.7	化学 12.5	その他 55.4

ウ 総額12.6兆円

石油・石炭製品 22.6%	化学 17.5	食料品 12.9	その他 47.0

エ 総額7.4兆円

輸送用機械 16.4%	印刷 10.6	電気機械 10.5	その他 62.5

(2019年)　　(2022/23年版「日本国勢図会」)

✎ 記述問題にチャレンジ

群馬県の嬬恋村は，高温に弱いキャベツの生産が夏ごろにさかんである。この理由を，解答欄の書き出しに続けて「標高」の語句を用いて簡単に答えなさい。〔岐阜〕

[群馬県は千葉県に比べて

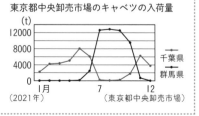

東京都中央卸売市場のキャベツの入荷量

(2021年)　　(東京都中央卸売市場)

✔ Check Points　　**2** (4) 東京では，地価の高騰などで一時は中心部の人口が減少したが(ドーナツ化現象)，近年は再開発が進み，都心への人口回帰も見られる。

29

1時間目 / 2時間目 / 3時間目 / 4時間目 / 5時間目 / 6時間目 / 7時間目 / 8時間目 / 9時間目 / 10時間目 / 11時間目 / 12時間目 / 13時間目 / 14時間目 / 15時間目 / 総仕上げテスト

14 時間目

入試重要度 A **B** C

日本の諸地域 ③
東北，北海道地方

時間 **40**分
合格点 **80**点
得点　　　　点

解答➡別冊 p.15

1 ［東北地方］次の地図を見て，あとの問いに答えなさい。

★重要 □(1) **地図**中の **X** が示している緯度を，次の**ア～エ**から１つ選び，記号で答えなさい。（4点）〔山形〕　（　　　）

ア 北緯 20 度　　**イ** 北緯 30 度
ウ 北緯 40 度　　**エ** 北緯 50 度

□(2) **地図**中の **Y** は，春の終わりごろから夏に吹く冷たい北東風で，太平洋側に冷害をもたらすことがある。この風を何というか，答えなさい。（4点）　（　　　　　　　）

□(3) **地図**中の **A ～ D** のうち，平野ではない地域を１つ選び，記号で答えなさい。（4点）　（　　　）

(4) **地図**中の **Z** の地域について次の問いに答えなさい。

□① **Z** の海岸名を答えなさい。（4点）　（　　　　　　　）

□② 右の**資料 I** は，**Z** の海岸部の写真である。この海岸部で，のり・かきの養殖がさかんな理由を，海岸の地形の特徴をふまえて簡単に答えなさい。（10点）

（　　　　　　　　　　　　　　　　　　　　　　）

□③ **Z** の地域では，2011 年３月におこった東日本大震災の地震により発生した（　　　）で多くの死者を出した。（　　　）にあてはまる自然現象を答えなさい。（4点）　（　　　　　　　）

地図

資料1

資料2　岩手県および近隣の県における工場用地の地価

※1m²あたりの平均価格。
（2010年）　　　（「データでみる県勢」）

縦軸：万円　0／0.5／1.0／1.5／2.0／2.5／3.0／3.5
横軸：青森　岩手　宮城　秋田　山形　福島　全国平均

差がつく □(5) **地図**と**資料2**をもとに，岩手県と近隣の県に工場が進出した理由をまとめたあとの文中の（　　　）にあてはまる内容を，「輸送」の語句を用いて，簡単に答えなさい。

（10点）〔宮崎－改〕

岩手県および近隣の県は（　　　　　　　　　　　）ため，多くの工業団地がつくられ，工場が進出した。

（　　　　　　　　　　　　　　　　　　　　　　　　）

□(6) **資料3**は，青森県，秋田県，岩手県，宮城県の農業産出額に占める耕種と畜産の割合を示している。それぞれの県にあてはまるものを１つずつ選びなさい。（4点×4）

青森県（　　　）　秋田県（　　　）
岩手県（　　　）　宮城県（　　　）〔青森・佐賀－改〕

資料3

野菜　その他
ア　米　　　畜産
イ
ウ
エ
0　20　40　60　80　100%
（2019年）（2022年版「データでみる県勢」）

✔ Check Points　**1**(6) 東北地方は，冷涼な気候でも育つ稲の品種改良を進め，日本の穀倉地帯となっている。しかし，米の消費量の減少をうけ，近年は果樹栽培に力を入れる農家が増えている。

❶東北地方の自然条件(地形・気候)を生かした農業の特色をおさえておこう。
❷東日本大震災の影響による東北地方の産業の変化についておさえておこう。
❸北海道の土地利用と産業の特色をおさえておこう。

入試攻略Points
(→別冊 p.16)

2 [北海道地方] 次の地図を見て, あとの問いに答えなさい。

地図
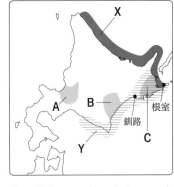

□(1) 地図中の **X** の地域は, 春先にかけて□□□が押し寄せるため, 沿岸の港が使えなくなる。□□□にあてはまる語句を答えなさい。(5点) (　　　　　)

□(2) 地図中の **Y** の地域は, 春から夏にかけて, ある自然現象が発生しやすく, そのために日照不足や低温になり冷害がおこりやすい。ある自然現象とは何か答えなさい。(6点) (　　　　　)

★重要 (3) 次の①~③は, **地図中のA~C**の地域の農業について述べたものである。それぞれどの地域にあてはまるか, **A~C**から選び, 記号で答えなさい。(7点×3)　①(　　) ②(　　) ③(　　)
　□① 明治時代に農民や屯田兵などが泥炭地を改良し, 今は大規模な稲作地帯となっている。
　□② 政府によって新酪農村がつくられ, 現在は大規模な酪農が行われている。
　□③ 畑作が中心に行われており, 豆類・じゃがいも・てんさいなどが生産されている。

□(4) **地図**中の釧路や根室では, さけやますの卵を人工的にふ化させて放流し, 水産資源を増やしている。このような漁業を何というか, 次の**ア~エ**から1つ選び, 記号で答えなさい。
(6点) (　　　　　)
　ア 栽培漁業　　**イ** 養殖業　　**ウ** 沿岸漁業　　**エ** 沖合漁業

□(5) **資料**はある農産物の全国の収穫高を示したグラフである。あてはまる農産物を, 次の**ア~エ**から1つ選び, 記号で答えなさい。
(6点) (　　　　　)
　ア 小麦　　**イ** キャベツ　　**ウ** みかん　　**エ** トマト

資料

	福岡7.1		佐賀5.2
110 万t	北海道 66.4%	その他 18.6	

愛知2.7
(2021年) (2022/23年版「日本国勢図会」)

〔兵庫-改〕

📝 記述問題にチャレンジ

　北海道の農業は, 大型の機械を使って大規模に行う点に特色がある。**このような農業が行われている理由を, 資料を参考にして次の書き出しに続けて簡単に答えなさい。**〔兵庫-改〕

〔
北海道では,
〕

資料 耕地面積と販売農家数
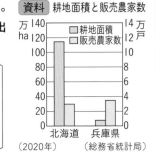

✔ Check Points　**2** (3) 北海道では明治時代に開拓使が置かれ, 屯田兵などによる開拓で耕地を広げてきた。また, 北海道には, この地に古くから住んでいたアイヌ民族にちなんだ地名が数多く見られる。

入試重要度 A **B** C

15 時間目

日本の諸地域 ④
総合問題

時間 **40**分
合格点 **80**点
得点　　　点

解答⇒別冊 p.16

月　　日

1 ［日本総合］次の地図を見て，あとの問いに答えなさい。

□(1) **地図**中の **X** の海域には，海底が一段と低くなった □□□□ がつらなり，その中でも日本 □□□□ は深さが 8000 m をこえる世界有数のものである。□□□□ にあてはまる語句を答えなさい。(8点)

（　　　　　　　　）

地図

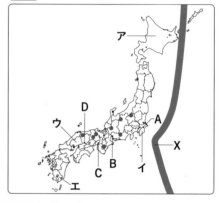

□(2) **地図**中の ● 印は，2010 年におけるわが国のあるものの上位 8 位までの所在地を示している。あるものとは何か。次の**ア〜エ**から 1 つ選び，記号で答えなさい。(8点)

（　　　）

ア 乗降客数が多い空港　　**イ** 卸売業と小売業の事業所数が多い市

ウ 標高が高い山　　**エ** 最大出力が大きい水力発電所

□(3) **資料1**は，**地図**中の**ア〜エ**道県の人口(2020 年)と工業製品出荷額(2019 年)を表したグラフである。**資料2**は，2019 年における**地図**中の**ア〜エ**県の米の産出額と畜産の産出額を示し，**資料1・2**中の a〜d は，それぞれ**ア〜エ**のいずれかである。c にあたる県を**ア〜エ**から 1 つ選び，記号と県名を答えなさい。(9点×2)　記号（　　　）県名（　　　　　　　）

資料1

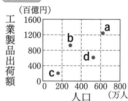

(2022/23年版「日本国勢図会」)

資料2

項目＼県	米の産出額(億円)	畜産の産出額(億円)
a	689	1248
b	247	467
c	209	3227
d	1254	7350

(2022 年版「データでみる県勢」)

★重要 □(4) **地図**中の **A〜D** は貿易港を示し，**A** は成田国際空港，**B** は名古屋港，**C** は関西国際空港，**D** は水島港を示している。右の**資料3**は **A〜D** のいずれかの輸出品目と輸出額を示している。**資料3**にあてはまる貿易港を，**地図**中の **A〜D** から 1 つ選び，記号で答えなさい。(8点)　（　　　）

資料3

輸出品目	輸出額(百万円)	総額に占める割合(%)
自動車	2557072	24.6
自動車部品	1733298	16.6
内燃機関	431768	4.1
電気計測機器	356317	3.4
総額	10413661	100.0

(2020 年)(2022/23 年版「日本国勢図会」)

□(5) 近年，防災を目的としたさまざまな地図を地方公共団体が作成する動きが広がっている。このような自然災害の被害予測図のことを何とよぶか，カタカナで答えなさい。

(8点)（　　　　　　　　）〔愛媛・広島－改〕

✔ Check Points　**1** (5) 近年は，自然的・人的・社会的要因が複合的に重なった新たな都市型災害(ヒートアイランド現象やゲリラ豪雨など)に向けた対策なども求められている。

2 ［日本総合］次の資料やカード群を見て，あとの問いに答えなさい。〔秋田－改〕

□(1) **資料Ⅰのア～カ**から，**A県**の▢▢▢にあてはまるものを1つ選び，記号で答えなさい。

（7点）（　　　）

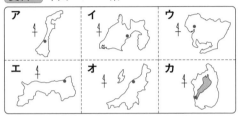

資料1 本州の6つの県

※カード群と**資料Ⅰ**の縮尺は，県によって異なる。
・●は県庁所在地を，▨は湖を表す。

カード群

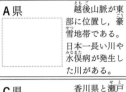

| A県 | 越後山脈が東部に位置し，豪雪地帯である。日本一長い川や水俣病が発生した川がある。 |
| B県 | 2010年12月に，新幹線が県庁所在地まで開通して，秋田県への経済効果が期待されている。 |

| C県 | 香川県と瀬戸大橋で結ばれている。隣県や対岸の県と臨海型工業地域を形成している。 |
| D県 | 県庁所在地は前橋市である。近年，栃木県などの隣県と内陸型工業地域を形成している。 |

□(2) **資料Ⅰのア～カ**に秋田県を加えた7県から日本海に面する県を選び，北から南へ順番に並べたとき，北から3番目に位置する県を1つ選び，その記号と県庁所在地名を答えなさい。（7点×2）　　　記号（　　　）　県庁所在地名（　　　　　　）

□(3) **資料2のa～d**は，秋田県とA～C県のいずれかを示している。秋田県とB県を示すものを1つずつ選び，記号で答えなさい。（7点×2）　　　秋田県（　　　）　B県（　　　）

□(4) **資料2のa～d**のうち，人口密度が最も高い県が属する地方区分を次から1つ選び，記号で答えなさい。（7点）（　　　）

ア 東北地方　　イ 関東地方
ウ 中部地方　　エ 近畿地方
オ 中国地方　　カ 四国地方

□(5)「海の豊かさを守ろう」など，現在だけでなく将来も世界各国の人々が生活できるように定められた17の「持続可能な開発目標」をアルファベット4字で何というか，答えなさい。（8点）（　　　　　　）

資料2 秋田県とA～D県の特色

	面積※ （km²）	人口※ （万人）	農業産出額（億円）			漁獲量 （万t）	製造品 出荷額等 （億円）
			米	野菜	果実		
a	7114	189	324	205	249	2.2	77041
b	11638	96	1126	281	84	0.6	12862
c	9646	124	596	642	914	18.3	17271
d	12584	220	1501	317	86	3.0	49589
D県	6362	194	156	912	83	0.03	89819

（※2020年，その他2019年）　　　（2022年版「データでみる県勢」）

🖊 記述問題にチャレンジ

2011年の東日本大震災を受けて，日本では原子力発電に頼らない自然エネルギーの利用促進に取り組む動きが広がっており，その1つに太陽光の利用があげられる。**太陽光をエネルギーとして利用する場合の利点と課題を1つずつ答えなさい。**〔石川－改〕

利点〔　　　　　　　　　　　　　　　　　　　　　　　　　　　　　　　〕

課題〔　　　　　　　　　　　　　　　　　　　　　　　　　　　　　　　〕

✔ Check Points　**2** (5) 2030年までに達成すべきものとして国際連合が進めた Sustainable Development Goals の14番目の目標が「海の豊かさを守ろう」である。

右欄：1時間目　2時間目　3時間目　4時間目　5時間目　6時間目　7時間目　8時間目　9時間目　10時間目　11時間目　12時間目　13時間目　14時間目　15時間目　総仕上げテスト

総仕上げテスト ①

時　間 **50**分
合格点 **70**点

解答➡別冊 p.17

得点

点

1 次の地図を見て，あとの問いに答えなさい。

地図

※メルカトル図法で表したもの。

□(1) 地図中の ● a〜f の実際の距離（きょり）について，正しいものを次の**ア〜エ**から１つ選び，記号で答えなさい。(5点) （　　　）

ア a−b間が最も長い。

イ c−d間が最も長い。

ウ e−f間が最も長い。

エ いずれも同じ長さである。

□(2) **資料１**の**カ〜ク**は，**地図**中の**X〜Z**のいずれかである。**X**と**Z**のものを１つずつ選び，記号で答えなさい。(5点×2)〔高知−改〕

X（　　　）　Z（　　　）

資料1

(℃) **カ** **キ** **ク** (mm)
気温 降水量

1 4 7 10月　1 4 7 10月　1 4 7 10月
（気象庁，2022年版「データブック オブ・ザ・ワールド」）

□(3) **資料2**は，赤道と東経90度の経線が交わった点が中心になるように地球儀を見て，平面に表したものである。□で示した**Y**の範囲（はんい）に位置する国を，**地図**中の**A〜D**から１つ選び，記号で答えなさい。(5点)〔高知〕

（　　　）

資料2

東経90度の経線

北極点

Y

赤道

南極点

□(4) **資料3**は，南極大陸以外の５大陸の気候区の割合を表したものである。**地図**中の**P〜S**の大陸にあてはまるものを１つずつ選び，記号で答えなさい。(5点×4)〔福岡−改〕

P（　　　）　Q（　　　）
R（　　　）　S（　　　）

資料3

(単位：%)

	ア	イ	ウ	エ	オ
熱帯	7	39	5	63	17
乾燥帯（かんそう）	26	47	14	14	57
温帯	18	15	14	21	26
亜寒帯（あ）	39	—	43	—	—
寒帯	10	—	24	2	—

※—は数値なし。各大陸の合計は100%にならない。
（2022年版「データブック オブ・ザ・ワールド」）

□(5) **資料4**はナイジェリアの輸出総額と原油の輸出額の推移，**資料5**は原油価格の推移を表したものである。ナイジェリアの輸出総額が安定していない理由として２つの資料をもとに考えられることを，「原油の輸出」「原油価格」の語句を用いて，簡単に答えなさい。(10点)〔高知〕

（　　　　　　　　　　　　　　　　　　　　　　　　　　　）

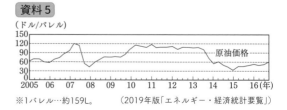

資料4

(億ドル)

2006 07 08 09 10 11 12 13 14 15 16 17(年)
□ 輸出総額　■ 原油の輸出額　（国際連合）

資料5

(ドル/バレル)

原油価格

2005 06 07 08 09 10 11 12 13 14 15 16(年)
※1バレル…約159L。　（2019年版「エネルギー・経済統計要覧」）

2 次の地図を見て，あとの問いに答えなさい。

□(1) **地図**中の**B**の雨温図を次の**ア〜ウ**から１つ選び，記号で答えなさい。(5点)〔富山〕　（　　　）

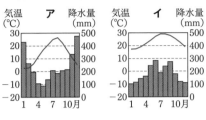

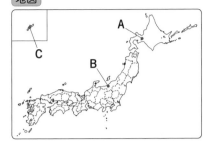
地図

(2) 中国・四国地方について，次の問いに答えなさい。〔富山−改〕

□① 本州四国連絡橋が完成した結果，**資料Ⅰ**から，1990年には通勤・通学者が約３倍に増えていることがわかる。その理由を，**資料2**を参考にして，簡単に答えなさい。(10点)

（　　　　　　　　　　　　　　　　　　　　　　　　　　　　　　　　　）

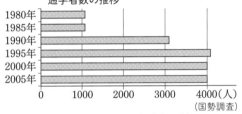

資料1 岡山県と香川県の間の1日あたりの通勤・通学者数の推移

資料2 岡山市と高松市の間を移動する際の交通手段と最短時間

	1985年以前	1990年以降
	岡山市 ⇅ 鉄道又はバス又は自家用車 （フェリー）⇅ 鉄道又はバス又は自家用車 高松市　最短時間2時間10分	岡山市 ⇅ 鉄道又はバス又は自家用車 高松市　最短時間1時間13分

□② **資料Ⅰ**の推移に最も影響を与えたと思われる連絡橋を，次の**ア〜ウ**から１つ選び，記号で答えなさい。(5点)　（　　　）

ア 児島・坂出ルート　　**イ** 神戸・鳴門ルート　　**ウ** 尾道・今治ルート

□(3) **資料3**の**Ⅰ〜Ⅲ**は，きゅうり，米，みかんのいずれかの収穫量である。**Ⅰ**にあてはまる作物名を答えなさい。(5点)〔富山〕　（　　　　　　）

□(4) 沖縄など南西諸島では周囲を石垣で囲い，屋根のかわらをしっくいで固めた伝統的な住居が見られるが，このようなつくりにしている理由を，簡単に答えなさい。(10点)〔和歌山−改〕

（　　　　　　　　　　　　　　　　　　　　　　　　　　　　　）

資料3　（単位：t）

	Ⅰ	Ⅱ	Ⅲ
香川県	4160	11700	58000
徳島県	7560	13300	52400
高知県	24500	6460	48900
愛媛県	8150	112500	63500

(2020年)　（2022年版「データでみる県勢」）

□(5) 右の地形図について述べた次の文の**X〜Z**から，あてはまるもの１つずつ選びなさい。(5点×3)〔愛媛−改〕

X（　　　）　**Y**（　　　）　**Z**（　　　）

この地形図は**X**（**ア** 2万5千分の1　　**イ** 5万分の1）の縮尺であることがわかる。地点**P**は近くに**Y**（**ウ** 三角点　　**エ** 水準点）があり，その数値から判断すると，**A**は**Z**（**オ** 湖　　**カ** 海）であると考えられる。

（国土地理院発行地形図「洞爺」）

総仕上げテスト ②

時間 **50**分
合格点 **70**点

解答➡別冊 p.18

得点

点

1 次の地図を見て，あとの問いに答えなさい。

地図

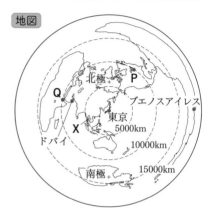

□(1) 右の東京を中心とした，中心からの距離と方位が正しい**地図**を正しく読み取ったものを，次の**ア～エ**から１つ選び，記号で答えなさい。(5点)〔三重〕（　　　）

ア **P**の都市と**Q**の都市は，同緯度に位置している。

イ 赤道から離れるほど，実際の面積より大きい。

ウ 北極と南極の距離は，約25000 km ある。

エ 東京から東へ行くと，最短距離でブエノスアイレスに着く。

□(2) 東京が７月24日午後８時のとき，ブエノスアイレス(標準時子午線は西経60度)は７月何日の何時か，午前・午後を明らかにして答えなさい。なお，サマータイムは考えないものとする。(10点)〔岡山－改〕（７月　　　日　　　　時）

□(3) **資料１**は**地図**中のヨーロッパの，各国の１人あたりの工業出荷額を，**資料２**は，**資料１**中の**A**～**D**国からドイツへの移住者数を示している。**A**～**D**国からドイツへ移住する理由を，**資料１**から読み取れることにふれ，「仕事」の語句を用いて，簡単に答えなさい。(10点)〔三重〕

資料1

	20000ドル以上
	10000ドル以上
	5000ドル以上
	5000ドル未満

(2019年)
(2021/22年版「世界国勢図会」など)

資料2

	ドイツへの移住者数(万人)
A	24.5
B	12.9
C	8.7
D	4.8

(2019年)
(International Migration Outlook)

（　　　　　　　　　　　　　　　　　　　　　　　）

□(4) **地図**中の**X**国の国名をあとの**ア～ウ**から，その国で最も信仰されている宗教を，右の**資料３**中の**カ～ク**からそれぞれ１つずつ選び，記号で答えなさい。(5点×2)〔三重－改〕　国名（　　　）宗教（　　　）

ア インドネシア　**イ** タイ　**ウ** フィリピン

資料3 世界のおもな宗教の信仰者の割合

ク ヒンドゥー教 6.6
その他 22.2
カ 31.1%
キ 24.9
15.2

(2021/22年版「世界国勢図会」)

□(5) **地図**中のドバイに関する**資料４**に対し，**資料５**から，同国がこれからも発展すると考えられる理由を簡単に答えなさい。(10点)〔富山－改〕

（　　　　　　　　　　　　　　　　　　　　　　　）

資料4

　ドバイは，原油輸出による莫大な利益のおかげで近代的な都市に発展した。しかし，原油は化石燃料なので，埋蔵量が限られるうえ二酸化炭素を排出し，環境にも悪影響を与える。

資料5

・ドバイ国際空港の旅客数
　　　　8365万人　世界３位(2016年)
・ドバイがある国への来訪者の目的
　　　　余暇74％　ビジネス26％(2015年)
・ドバイ訪問者の消費額
　　　　313億ドル　世界１位(2015年)

2 次の地図を見て，あとの問いに答えなさい。

□(1) **地図**中の**A**湾で多種の魚がとれる理由の一つである，湾内に流れ込む暖流の名を答えなさい。(5点)〔岡山〕

（　　　　　　　　　）

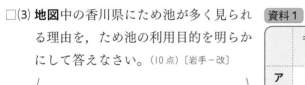

地図

香川県

□(2) **地図**中の**B**〜**E**の県にある各種施設数などを表した**資料I**中の**ア**〜**エ**から，**B**県と**E**県にあてはまるものを1つずつ選び，記号で答えなさい。(5点×2)

〔岡山〕**B**県（　　　）　**E**県（　　　）

□(3) **地図**中の香川県にため池が多く見られる理由を，ため池の利用目的を明らかにして答えなさい。(10点)〔岩手－改〕

（

資料1

	キャンプ場	スキー場	海水浴場	県庁所在地から東京までの所要時間
ア	79	25	59	約100分
イ	149	67	0	約90分
ウ	60	2	56	約60分
エ	18	1	22	約100分

(2021年)　　(2022年版「データでみる県勢」など)

□(4) **資料2**から読み取れる内容を述べた次の**X**と**Y**の文が，正しければ○，誤っていれば×を答えなさい。(5点×2)

〔岡山－改〕**X**（　　　）　**Y**（　　　）

X 食料品の製造品出荷額は，3つの工業地帯の中で，中京工業地帯が最も額が大きい。

Y 3つの工業地帯すべてで，製造品出荷額に占める重化学工業の割合は，軽工業の割合より大きい。

資料2 各工業地帯の製造品出荷額等の構成

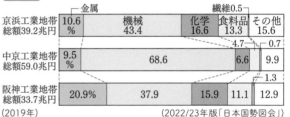

(2019年)　　(2022/23年版「日本国勢図会」)

□(5) 日本の工業に関してまとめた次の文中の（　　　）にあてはまる内容を，「工場」「製品」の語句を用いて，簡単に答えなさい。(10点)〔岡山〕

（　　　　　　　　　　　　　　　　　　　　　　　　　　　　　　　　）

　日本の工業は加工貿易で発展してきたが，1980年代以降の，他国との貿易上の対立や円高の急激な進行，不況の長期化などに対応するため，（　　　　　　　　　）ようになった企業が増え，その結果，産業の空洞化が進んだ。

□(6) **資料3**は，1950年から2015年における，日本の産業別就業者数の推移を表し，**X**，**Y**は，それぞれ第二次産業，第三次産業のいずれかである。**資料3**について述べた次の文の**a**，**b**から適切なものを1つずつ選び，記号で答えなさい。(5点×2)〔愛媛〕　　　**a**（　　　）　**b**（　　　）

　資料3中の**Y**は，**a**（**ア** 第二次産業　**イ** 第三次産業）にあたり，**Y**に含まれる産業には，**b**（**ウ** 建設業　**エ** 運輸業）がある。

資料3

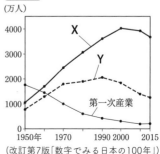

(改訂第7版「数字でみる日本の100年」)

1時間目
2時間目
3時間目
4時間目
5時間目
6時間目
7時間目
8時間目
9時間目
10時間目
11時間目
12時間目
13時間目
14時間目
15時間目
総仕上げテスト

総仕上げテスト ③

時 間 **50**分
合格点 **70**点
得点　　　点

解答➡別冊 p.19

1 次の地図を見て、あとの問いに答えなさい。

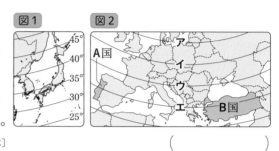

図1　図2

□(1) **図1**の北緯40度と同緯度を示す緯線を、**図2**中の**ア〜エ**から1つ選び、記号で答えなさい。(6点)〔栃木〕　（　　）

□(2) 次の文は、**A国**の公用語と同じ言語を公用語とするある国について述べたものである。ある国とはどこか、答えなさい。(6点)〔栃木〕　（　　　　　　）

> 赤道が通過する国土には、流域面積が世界最大の大河が流れ、その流域には広大な熱帯雨林が広がる。高原地帯ではコーヒー豆などの輸出用作物が栽培されている。

□(3) **図2**の**B国**とインドの、総人口とある宗教の信者数、おもな家畜の飼育頭数を表した次の資料中の（　　）にあてはまる語句を答えなさい。(6点)〔栃木－改〕　（　　　　　　）

	総人口[※1]（千人）	（　　）教の信者の割合[※2](%)	牛（千頭）	豚（千頭）	羊（千頭）
B国	84339	99.8	17043	2	35195
インド	1380004	14.2	193463	9055	74261

(2019年、※1は2020年、※2は2021年)　(2021/22年版「世界国勢図会」)

□(4) **図3**の**X**，**Y**の各3州は、**資料Ⅰ**の**R**，**S**のいずれかの地域、また、**資料Ⅰ**中の　**Ⅰ**　，　**Ⅱ**　は製鉄、半導体のいずれかである。**R**と　**Ⅰ**　にあてはまるものを、**X・Y・製鉄・半導体**からそれぞれ選びなさい。(6点×2)〔栃木－改〕　**R**（　　）　**Ⅰ**（　　　　）

図3

37°

X
Y

資料1 X・Yの各州のおもな製造品

地域	各州のおもな製造品
R	石油・化学薬品
	航空宇宙・　**Ⅰ**
	Ⅰ　・医療機械
S	自動車・　**Ⅱ**
	自動車・石油
	自動車・プラスチック

(2022年版「データブック オブ・ザ・ワールド」)

□(5) アメリカ合衆国、日本、中国のいずれかについて表した**資料2**，**資料3**の**a〜c**からアメリカ合衆国を選び、記号で答えなさい。また、そう判断した理由を、資料から読み取れることとアメリカ合衆国の農業の特色にふれ、簡単に答えなさい。(8点×2)〔栃木〕

記号（　　　）

理由（　　　　　　　　　　　　　　　　　　　　　　　　　　　　　　）

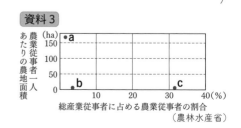

資料2

	農業従事者（万人）	輸出総額に占める農産物の輸出額の割合(%)
a	242	9.4
b	228	0.4
c	24171	2.1

(農林水産省)

資料3

あ一人あたりの農業従事者一人あたりの農地面積

総産業従事者に占める農業従事者の割合

(農林水産省)

□(6) 右の**資料4**は，2019年の日本，EU，アメリカ合衆国，**S**国間の輸出額を示している。**S**は中国，オーストラリア，ブラジルのいずれかである。**S**，**T**，**U**の組み合わせとして適切なものを，次の**ア〜カ**から1つ選び，記号で答えなさい。(4点)〔兵庫－改〕

(　　　　)

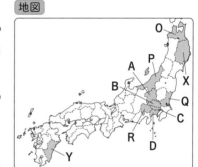

資料4　　　　　　　　　　　　　　　　　(単位：百万ドル)

※SとEUの貿易額は省略。
(2021/22年版「世界国勢図会」)

(単位：千t)

	ア	イ	ウ	エ	オ	カ
S	中国	オーストラリア	ブラジル	中国	オーストラリア	ブラジル
T	74653	39968	29540	140394	15865	32234
U	140394	15865	32234	74653	39968	29540

2 次の地図を見て，あとの問いに答えなさい。

地図

□(1) **地図**中の**X**県の伝統的工芸品を，次の**ア〜ウ**から1つ選び，記号で答えなさい。(5点)〔高知〕

(　　　　)

ア 会津塗　　**イ** 南部鉄器　　**ウ** 天童将棋駒

□(2) 下の**資料1**中の**ア〜エ**は，**地図**中の**A〜D**のいずれかのものである。**A**，**B**にあてはまるものを1つずつ選び，記号で答えなさい。(5点×2)〔高知－改〕

A(　　　　) B(　　　　)

□(3) 下の**資料2**は，東京市場での**地図**中の**Y**県，関東地方，その他からのピーマンの入荷量などを表している。**Y**県でさかんな出荷時期を早める栽培を何というか，また，その栽培を行う利点を，入荷量と価格に関連づけて，簡単に答えなさい。(栽培5点，利点10点)〔静岡〕

栽培(　　　　　　　)

利点(　　　　　　　　　　　　　　　　　　　　　　　　　　　　)

資料1

都県	人口密度(人/km²)※1	昼夜間人口比率※2	製造品出荷額等(億円)※3
ア	6410.4	117.8	74207
イ	3824.5	91.2	178722
ウ	1934.5	88.9	139529
エ	305.0	99.8	90522

(※1は2020年，※2は2015年，※3は2019年)
(2022年版「データでみる県勢」)

資料2

関東地方　その他の道府県

1kgあたりの平均価格

(2021年)
(東京都中央卸売市場)

□(4) 右の**資料3**は，**地図**中の**O〜R**のいずれかの生産量を表したものである。**b**と**d**にあてはまる県を，**地図**中の**O〜R**から1つずつ選び，記号と県名を答えなさい。(5点×4)〔愛媛－改〕

b 記号(　　) 県名(　　　　　　)

d 記号(　　) 県名(　　　　　　)

資料3　　　　　　　　　　　　(単位：千t)

	米	りんご	ぶどう	キャベツ
a	666.8	0.6	1.9	—
b	360.0	1.3	1.8	105.8
c	283.9	463.0	4.8	17.4
d	25.8	0.7	35.0	3.2

(2020年)　　　(2022年版「データでみる県勢」)

1時間目
2時間目
3時間目
4時間目
5時間目
6時間目
7時間目
8時間目
9時間目
10時間目
11時間目
12時間目
13時間目
14時間目
15時間目
総仕上げテスト

試験における実戦的な攻略ポイント5つ

① **問題文をよく読もう！**

問題文をよく読み，意味の取り違えや読み間違いがないように注意しよう。

選択肢問題や計算問題，記述式問題など，解答の仕方もあわせて確認しよう。

② **解ける問題を確実に得点に結びつけよう！**

解ける問題は必ずある。試験が始まったらまず問題全体に目を通し，自分の解けそうな問題から手をつけるようにしよう。

くれぐれも簡単な問題をやり残ししないように。

③ **答えは丁寧な字ではっきり書こう！**

答えは，誰が読んでもわかる字で，はっきりと丁寧に書こう。

せっかく解けた問題が誤りと判定されることのないように注意しよう。

④ **時間配分に注意しよう！**

手が止まってしまった場合，あらかじめどのくらい時間をかけるべきかを決めておこう。解けない問題にこだわりすぎて時間が足りなくなってしまわないように。

⑤ **答案は必ず見直そう！**

できたと思った問題でも，誤字脱字，計算間違いなどをしているかもしれない。ケアレスミスで失点しないためにも，必ず見直しをしよう。

受験日の前日と当日の心がまえ

前日

● 前日まで根を詰めて勉強することは避け，暗記したものを確認する程度にとどめておこう。

● 夕食の前には，試験に必要なものをカバンに入れ，準備を終わらせておこう。

また，試験会場への行き方なども，前日のうちに確認しておこう。

● 夜は早めに寝るようにし，十分な睡眠をとるようにしよう。もし翌日の試験のことで緊張して眠れなくても，遅くまでスマートフォンなどを見ず，目を閉じて心身を休めることに努めよう。

当日

● 朝食はいつも通りにとり，食べ過ぎないように注意しよう。

● 再度持ち物を確認し，時間にゆとりをもって試験会場へ向かおう。

● 試験会場に着いたら早めに教室に行き，自分の席を確認しよう。また，トイレの場所も確認しておこう。

● 試験開始が近づき緊張してきたときなどは，目を閉じ，ゆっくり深呼吸しよう。

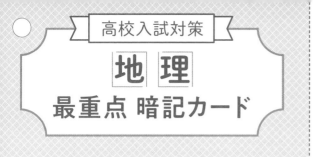

高校入試対策

地理
最重点 暗記カード

○ ❶ 次の2つの州からなっている，地図の◯◯
　の大陸を何といいますか。

 チェック欄 □
アジア州

ヨーロッパ州

○ ❷ 次の都市を通る経線を何といいますか。

□ **ロンドン**
　（イギリス）

○ ❸ 次の特徴をもつ地図の図法は，何に利用さ
　れますか。

□ **経線と緯線が直角に交わっているので角度が正しい**

 ヒント　メルカトル図法の利用方法を考える。

○ ❹ 次の目的で使用される地図は，中心からの
　何と何が正しいですか。

□ **航空図**

○ ❺ 次の地図中の経線は，日本の何といいます
　か。

□ **東経135度**

○ ❻ 領海を除く海岸線から次の範囲の水域を何
　といいますか。

□ **200海里以内**

 ヒント　領海（12海里）を含む範囲。

○ ❼ 次の2つからなる気候帯を何といいますか。

ステップ気候
□
砂漠気候

○ ❽ 次のような土壌が見られるのは，寒帯に属
　する何気候ですか。

□ **永久凍土**

○ ❾ 次の動物の飼育で有名な，南アメリカの高
　山地帯を何地方といいますか。

□ **アルパカ**

参考　おもに毛をかりとって衣服に利用する。

○ ❿ 次は世界三大宗教の1つの聖典です。何と
　いう宗教の聖典ですか。

□ **コーラン**

 ヒント　世界三大宗教とは，キリスト教，イスラム教，仏教である。

○ ⓫ 次の農産物は，世界三大穀物の1つです。
　この農産物はバイオ燃料のほか，大部分は
　何に利用されていますか。

□ **とうもろこし**

❶ 次の大陸は，何州と何州を合わせたものですか。

□ **ユーラシア大陸**

📖 **参考** ほかに北アメリカ大陸，南アメリカ大陸，アフリカ大陸，オーストラリア大陸，南極大陸がある。

（暗記カードの使い方）

★理解しておきたい最重要事項を選びました。答えは反対面に大きな文字で示しています（中には，図や写真が答えになっている場合もあります）。
★……線にそって切り離し，パンチでとじ穴をあけて，カードにしよう。リングに通しておくと便利です。
★理解したら，□にチェックしよう。

---

❸ 次の図法（メルカトル図法）は距離・方位・角度のうち，何が正しい図法ですか。

□ **航海図**

---

❷ 次の線が通るイギリスの都市を何といいますか。

□ **本初子午線**

📖 **参考** 世界の標準時を決める，経度0度を通る線。この線を境に，東は東経，西は西経として，それぞれ180度に分けられる。

---

❺ 日本の次の経線は，東経何度を通りますか。

□ **標準時子午線**

💡 **ヒント** 日本の標準時を決める線。兵庫県明石市などを通っている。

---

❹ 次の特色をもつ図法の地図は，何に利用されますか。

□ **中心からの距離と方位が正しい**

💡 **ヒント** 正距方位図法の利用方法を考える。

---

❼ 次の気候帯を構成する2つの気候を何といいますか。

□ **乾燥帯**

💡 **ヒント** 雨が少なく，昼と夜の気温差が大きいことが特徴。

---

❻ 次に示した水域の範囲は海岸から何海里以内ですか。

□ **排他的経済水域**

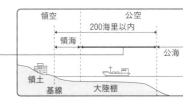

---

❾ 次の地方で飼育されているおもな動物は，リャマと何ですか。

□ **アンデス地方**

📖 **関連** リャマはおもに荷物の運搬に利用される。

---

❽ 次の気候で見られる地中が一年中凍っていて，夏に地表面だけ溶ける土壌のことを何といいますか。

□ **ツンドラ気候**

📖 **参考** このような地域では家の熱が土壌を溶かすので，床を高くする工夫がなされる。

⓫ 米・小麦・とうもろこしの世界三大穀物のうち，その多くを次のように利用されているものは何ですか。

□ **家畜の飼料**

💡 **ヒント** 生産はアメリカ合衆国，輸出はブラジルが最大（2019年）。

⓾ 次の宗教の聖典を何といいますか。

□ **イスラム教**

📖 **参考** イスラム教徒の日常生活は，この聖典に細かく定められている。

⑬ 中国で④・⑧がさかんな地域はそれぞれどことどこですか。

④ **畑作**

□

⑧ **稲作**（いなさく）

ヒント 東北区（かほく）・華北・華中・華南・内陸部の5地域に分けて考える。

---

⑫ 次の国で2015年までとられていた人口抑制政策を何といいますか。

□ **中華人民共和国（中国）**（ちゅうか）

参考 現在，この政策は廃止（はいし）された。

---

⑮ 次の◯◯の東南アジアの国々が加盟する，政治・経済分野での相互協力のための組織（そうご）を何といいますか。

□ **10か国**

---

⑭ 中国にある次のような地域を何といいますか。

□ **外国の資本や技術の導入が認められている地域**

---

⑰ 情報通信技術（ICT）産業が急速に発展している次の都市は，どこの国の都市ですか。

□ **ベンガルール**

ヒント 近年，この国は目ざましい工業の成長をとげている。

---

⑯ 東南アジアなどにある欧米人（おうべいじん）の資本で開かれた大農園で，次の作物を大量生産する農業を何といいますか。

□ **油やし**

---

⑲ 次の現象が見られる，スカンディナビア半島西岸の海岸地形を何といいますか。

□ **白夜**（びゃくや）

参考 高緯度地方（いど）の夏季の夜間は，太陽が地平線とほぼ平行に動き，夜でも太陽が沈（しず）まずに明るい状態が続く。

---

⑱ 次の国々の近年の経済成長の目ざましさを表すことばは，アルファベット5文字で何といいますか。

□ **ブラジル，ロシア連邦（れんぽう），インド，中国，南アフリカ共和国**

㉑ ドイツで行われる次の農業地域の南方で，夏にぶどうやオリーブ，冬に小麦を栽培（さいばい）する農業を何といいますか。

□ **混合農業**

---

⑳ 西ヨーロッパの気候に影響（えいきょう）を与（あた）えている次の海流（暖流）の上に吹（ふ）いている，西寄りの風を何といいますか。

□ **北大西洋海流**

関連 西ヨーロッパが高緯度（いど）のわりに温暖なのは，温暖な北大西洋海流の上をこの風が吹いているから。

㉓ 次の農産物の輸出量がロシア連邦（れんぽう）に次いで多い国はどこですか（2020年）。

□ **小麦**

参考 この国は，とうもろこし・大豆の輸出量も多い。

㉒ 次の共通通貨を使用している組織を何といいますか。

□ **ユーロ**

参考 組織に加盟している27か国のうち，スウェーデンやデンマークなどは使用していない（2022年7月現在）。

⑫ 次の政策をとっていた国を答えなさい。

□ 一人っ子政策

---

⑬ 次の地図中Ⓐ・Ⓑでさかんな農業はそれぞれ何ですか。

Ⓐ東北区, 華北
かほく

Ⓑ華中, 華南

---

⑭ 中国にある次の地域はどのような地域ですか。

□ 経済特区

ヒント シェンチェンなど中国南部の沿海部の5か所に設定されている。

---

⑮ 次の組織に加盟しているのは何か国ですか。

□ ASEAN
アセアン
（東南アジア諸国連合）

参考 東南アジアにおける政治的な安定や経済基盤の確立, 開発などを目ざしている組織。
きばん

---

⑯ 次の農業でさかんにつくられている, 石けんの原料のパーム油がとれる植物を何といいますか。

□ プランテーション農業

ヒント マーガリンなどにも使われている。

---

⑰ 次の国の南部にある, 情報通信技術(ICT)産業がさかんな都市を何といいますか。

□ インド

参考 欧米の関連会社も進出している。
おうべい

---

⑱ 次のことばは, 近年, 経済成長が目ざましい5か国のそれぞれの頭文字をとったものです。5か国を答えなさい。

□ BRICS
ブリックス

---

⑲ 次の海岸地形が見られる北ヨーロッパの一部では, 夏に夜でも太陽が沈まない現象が見られます。この現象を何といいますか。
しず

□ フィヨルド

ヒント 氷河によってできたU字型の入り江。
え

---

⑳ Aの海流の上には次の風が吹き, 西ヨーロッパの気候に影響を与えています。Aの海流の名前を答えなさい。
ふ
えいきょう あた

□ 偏西風
へんせいふう

㉑ 次の農業地域の北方のヨーロッパで行われる, 小麦の栽培と家畜の飼育を合わせた農業を何といいますか。
さいばい かちく

□ 地中海式農業

㉒ 次の組織で使われている共通通貨を何といいますか。

□ ヨーロッパ連合(EU)

参考 すべての加盟国が共通通貨を使用しているわけではない。

㉓ 次の国の◯◯の地域でさかんに栽培されている農産物は何ですか。
さいばい

□ アメリカ合衆国

㉔ アメリカ合衆国の次の緯度（いど）より南の地域で，1970 年代以降，工業が発展してきた地域を何といいますか。

□ 北緯 37 度

㉕ サンフランシスコの南にある次の都市は，世界の先端技術（せんたん）（ハイテク）産業の中心地です。この地域一帯を何とよんでいますか。

□ サンノゼ

㉖ 近年アメリカ合衆国に移住してきた次の言語を話す人々を何とよびますか。

□ スペイン語

📖 参考　アフリカ系の人口をぬいて 2 番目になっている。

㉗ 次の川の河口部分を通る緯度（いど）0 度の緯線を何といいますか。

□ アマゾン川

📖 参考　流域面積が世界一広い川。

㉘ 次の言語を公用語にしている，中南米で最大の面積をもつ国はどこですか。

□ ポルトガル語

📖 関連　ほかの中南米諸国の公用語はスペイン語が多い。

㉙ 次の砂漠化が進む地域が南縁（なんえん）に広がる，アフリカの砂漠を何といいますか。

□ サヘル

💡 ヒント　アフリカ北部にある世界最大面積の大砂漠。

㉚ 次のような経済とは，どのような経済ですか。

□ モノカルチャー経済

💡 ヒント　資源にはめぐまれているが，工業の発展していないアフリカや中南米で見られる。

㉛ 次の人種隔離（かくり）政策をしていた国はどこですか。

□ アパルトヘイト

㉜ 次の国の先住民を何といいますか。

□ オーストラリア

📖 参考　先住民には，先住民としての権利や伝統的な土地に対する権利などが認められている。

㉝ 次の地図記号は何を表していますか。

Ⓐ　Ⓑ

□

💡 ヒント　Ⓐは土地利用，Ⓑは施設（しせつ）を表したもの。

㉞ アルプス山脈，アンデス山脈のうち，次の造山帯に属するのはどちらですか。

□ 環太平洋造山帯（かん）

📖 参考　地震（じしん）や火山が多い新期造山帯の一つ。

㉟ 次の名称（めいしょう）でよばれる A〜C の山脈は，それぞれ何といいますか。

□ 日本アルプス

㉕ 次はアメリカ合衆国の先端技術(ハイテク)産業がさかんな地域の総称です。中核になっている都市は，サンフランシスコ南部にある何という都市ですか。

□ **シリコンバレー**

📖 関連　半導体のおもな原料であるシリコンに由来する。

㉔ アメリカ合衆国で次のようによばれる地域は，北緯何度より南ですか。

□ **サンベルト**

📖 参考　安くて広い土地と豊かな労働力を背景に，1970年代以降，先端技術(ハイテク)産業が発展。

㉗ 河口が次の緯線の付近にある図中の川を何といいますか。

□ **赤道**

📖 参考　赤道は緯度0度の緯線である。

㉖ 近年アメリカ合衆国に移住してきた次の人々は，何語を話しますか。

□ **ヒスパニック**

 ヒント　メキシコや南アメリカ州から移住してきている。

㉙ 次の砂漠の南縁に沿って帯状に広がる，砂漠化の激しい地域を何といいますか。

□ **サハラ砂漠**

📖 参考　この地域で砂漠化が進む原因は，長期的で大規模な気候変動や過放牧など。

㉘ 次の国の公用語は何語ですか。

□ **ブラジル**

💡 ヒント　ブラジルを植民地にしていた西ヨーロッパの国の言語。

㉛ 次の国で1991年まで行われていた，人口の多くを占める先住民などを差別する政策をカタカナで何といいますか。

□ **南アフリカ共和国**

📖 参考　この国では，マンガンや白金(プラチナ)などのレアメタルが多く産出される。

㉚ 次のような経済を何経済といいますか。

□ **少数の農産物や鉱産資源の輸出に頼っている経済**

📖 参考　国の経済は不安定となる。

㉝ 次の地図記号を答えなさい。

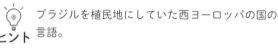

□
Ⓐ **果樹園**
Ⓑ **高等学校**

✏️ 注意　Ⓐは広葉樹林，Ⓑは小・中学校の地図記号と間違えやすい。

㉜ 次は何という国の先住民ですか。

□ **アボリジニ**

 関連　ニュージーランドの先住民はマオリという。

㉟ 次の3つの山脈は，ヨーロッパの山脈の名称にちなんで，何とよばれていますか。

Ⓐ **飛驒山脈**
□ Ⓑ **木曽山脈**
Ⓒ **赤石山脈**

㉞ 次の山脈が含まれる造山帯を何といいますか。

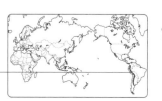

□ **アンデス山脈**

㊱ 次の川が日本最大を誇(ほこ)るのは，何ですか。

□ 利根川(とね)

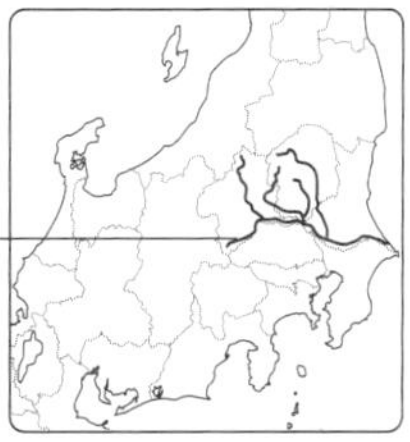

㊲ 川が山から平地に流れるところにつくられる次の地形で，さかんに行われている土地利用は何ですか。

□ 扇状地(せんじょうち)

関連　三角州(さんかくす)は河口にできる。

㊳ 次の型の人口ピラミッドは少産少死，多産多死のうち，どちらの特徴(とくちょう)をもっていますか。

□ つぼ型

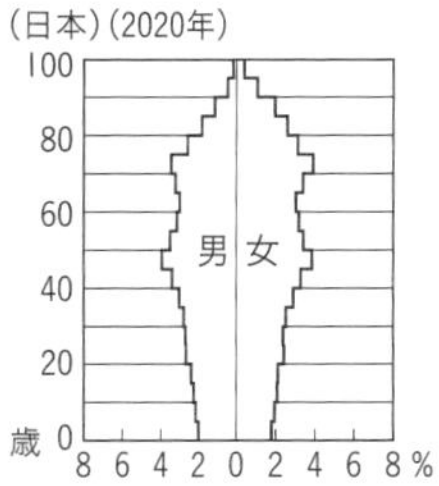
(日本)(2020年)
100
80
60
40
20
歳 0
男
女
8 6 4 2 0 2 4 6 8 %

㊴ 都市部に人口が集中している現象を表す，次のことばの反対の意味をもつことばは何ですか。

□ 過疎(かそ)

ヒント　交通渋滞(じゅうたい)やごみ問題などがおきている。

㊵ 次のような漁業を何といいますか。

□ 育てた稚魚(ちぎょ)や稚貝を海や川に放流し，成長したものをとる漁業

㊶ 日本の次の鉱産資源の輸入先として最も多い国はどこですか（2020 年）。

□ 原油（石油）

ヒント　ペルシア湾岸(わんがん)に油田をもつ。

㊷ 次のⒶ・Ⓑの平野で共通してさかんな野菜の栽培(さいばい)方法を何といいますか。

□ Ⓐ宮崎平野　Ⓑ高知平野

参考　なすやピーマンの栽培がさかん。

㊸ 次の工業地帯では，金属・機械・化学・食料品工業のうち，何が最もさかんですか。

□ 中京工業地帯

参考　工業製品出荷額(しゅっか)が日本一の総合工業地帯。

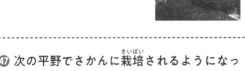

㊹ 次の風が吹(ふ)く期間が長くなるとおこることがある，自然災害を何といいますか。

□ やませ

参考　初夏から夏にかけて，寒流の親潮（千島(ちしま)海流）の上を通り，東北地方の太平洋側に吹きつける冷たい風。

㊺ 次の海岸は，写真のように出入りの多い海岸地形です。このような海岸を何といいますか。

□ 三陸海岸(さんりく)

㊻ 次の台地でさかんな，牛乳や乳製品を生産・販売(はんばい)する農業を何といいますか。

□ 根釧台地(こんせん)

㊼ 次の平野でさかんに栽培(さいばい)されるようになった農産物は何ですか。

□ 石狩平野(いしかり)

ヒント　客土による土地改良と品種改良が進み，日本有数の産地となった。

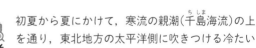

○ ㊱ 次のことがらが日本最大の川を何といいますか。

□ **流域面積**

 **ヒント** 関東地方を流れる川。

○ ㊲ 次の土地利用がさかんに行われている，川が山から平地に流れ出るところにつくられる地形は何ですか。

□ **果樹園**

 ヒント 山梨県の甲府盆地（こうふぼんち）のぶどうづくりで有名。

○ ㊳ 次の特徴（とくちょう）をもつ国の人口ピラミッドは「富士山型」ですか，「つぼ型」ですか。

□ **少産少死**

○ ㊴ 農・山・漁村で見られる次のことばの反対の意味をもつことばは何ですか。

□ **過密**

 ヒント 活性化のために町おこし・村おこしに取り組んでいる地域もある。

○ ㊵ 次の漁業はどのようなものですか。

□ **栽培（さいばい）漁業**

 **ヒント** 右の図の内容と順序を説明する。

○ ㊶ 次の国の輸出額の割合を示すグラフのAは，何を表していますか。

□ **サウジアラビア**

A 66.3%

(2019年)

○ ㊷ 次の栽培（さいばい）方法がさかんなA・Bの平野をそれぞれ答えなさい。

□ **促成（そくせい）栽培**

○ ㊸ 次の工業がさかんな，地図中の▨の地域に広がっている工業地帯を何といいますか。

□ **機械工業**

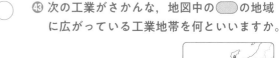

○ ㊹ 次の害をおこすことがある，地図中→の夏に吹（ふ）く冷たい北東風を何といいますか。

□ **冷害**

○ ㊺ 次の海岸地形が見られる地図中Aの海岸を何といいますか。

□ **リアス海岸**

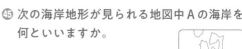 **関連** 山地が海に沈（しず）んでできた，海岸線の出入りが激しい地形。天然の良港。フィヨルドとの違（ちが）いを把握（はあく）。

○ ㊻ 次の農業がさかんな，地図中Aの台地を何といいますか。

□ **酪農（らくのう）**

○ ㊼ かつては泥炭地（でいたんち）で次の農産物の栽培（さいばい）が困難だったが，今では日本有数の産地となった北海道の平野を何といいますか。

□ **米（稲）（いね）**

解答・解説

地理

1時間目　世界のすがた

解答（pp.4〜5）

1 (1)イ

(2)ニューヨーク

(3)東

(4)南アメリカ大陸

2 (1)A　(2)太平洋，大西洋

(3)南緯 36 度，西経 40 度

(4)X

(5)P—高　Q—大きく

3 (1)Y　(2)カ

(3)南アメリカ大陸，アフリカ大陸

(4)白夜

(5)国名—ニュージーランド

　　州名—オセアニア州

(6)国名—ロシア（ロシア連邦）

　　人口密度—9（人/km²）

🖊 記述問題にチャレンジ　**例)ヨーロッパ諸国が植民地支配したときに利用した経線や緯線を，そのまま国境として使用しているから。**

解説

1 (1)赤道は，ケニア・インドネシア・コロンビアなどを通っている緯度 0 度の緯線である。緯度は赤道の 0 度から南北にそれぞれ 90 度に分かれる。**ア**は南緯 20 度の緯線，**ウ**は北緯 20 度の緯線で，メキシコ・サウジアラビア・インドなどを通り，**エ**は北緯 40 度の緯線で日本の秋田県・岩手県を通っている。

(2)**地図**は**正距方位図法**なので，図の中心である東京からの距離を測ればよい。4 つの都市は近い順に，バンコク・シドニー・ニューヨーク・ブエノスアイレス。

(3)**地図**を見るとブエノスアイレスは東京の右にあるので，東の方角だとわかる。

(4)東京から南に直進し一周するということは，図の東京を通る経線を下に向かって進み，いちばん下まで行くと地球を半周したこととなり，そこからいちばん上に行き，さらに下に進むということである。通る大陸は，オーストラリア大陸・南極大陸・南アメリカ大陸・ユーラシア大陸の順である。

2 (1)**本初子午線**（0 度の経線）はイギリスのロンドンにある旧グリニッジ天文台を通る経線である。経度はそこから東西に 180 度ずつに分かれており，東側を東経，西側を西経とよぶ。**B** は東経 90 度の経線，**C** は東経 120 度の経線，**D** は西経 60 度の経線である。

(3)

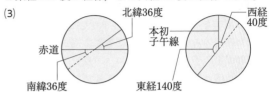

(4)**1**の**地図**で東京と a を直線で結ぶと，スカンディナビア半島付近を通ることがわかる。このため**2**の**地図**中の**X 〜 Z**のうち，同様の部分を通るものを選ぶ。

(5)**メルカトル図法**では，高緯度のほうが緯線の間隔が広いため，実際より面積が大きく表される。実際に地球儀を見ると，ヨーロッパやロシアなどは，メルカトル図法でもつイメージよりはるかに面積が小さく，インドやアフリカ大陸は逆に大きく感じられる。

3 (1)地球の自転は，西から東へ約 24 時間かけて 1 回転する。

(2)A はグリーンランド，カナダ東部のラブラドル半島，アマゾン川のセルバ，南アメリカ大陸を通る。

(4)北極圏で**白夜**が見られるころ，南極圏では太陽が地平線上から現れることのない**極夜**が見られる。このような現象が見られるのは，地球が地軸に対して約 23.4 度傾いていることが理由である。

(6)人口密度は 1 km² あたりに何人がいるかを表すもので，人口を面積で割ることで求めることができる。

🖊 記述問題にチャレンジ　このような国境のことを**人為的国境**とよび，エジプトとリビア，アメリカ合衆国とカナダの国境線が有名である。ほかには，湖や河川，山脈などで分けた**自然的国境**などがある。

📖 入試攻略 Points

対策　❶南極大陸を除く 5 つの大陸と付近の島々は，**アジア州・ヨーロッパ州・アフリカ州・北アメリカ州・南アメリカ州・オセアニア州**の 6 つに分類される。さらに自然や文化の特徴から，細かい地域区分が見られる。例えばアジア州は，**東アジア・東南アジア・南アジア・西アジア・中央アジア・シベリア**に分類される。また，地域の名称についても，ヨーロッパを中心とした場合，日本や韓国を**極東**，アラビア半島付近を**中東**とよぶことがある。

ひっぱると，はずして使えます。

1

	面積の広い国(万km²)		人口の多い国(万人)	
	国	面積	国	人口
1位	ロシア連邦	1710	中国	143932
2位	カナダ	999	インド	138000
3位	アメリカ合衆国	983	アメリカ合衆国	33100
4位	中国	960	インドネシア	27352
5位	ブラジル	852	パキスタン	22089

(面積は2019年, 人口は2020年)　(2021/22年版「世界国勢図会」)

❷緯度のちがいは, 太陽のあたる角度のちがいを生み出すため, 季節(気候)のちがいを生み出す。また経度のちがいは, 地域ごとに太陽が昇っている時間帯の差を生み出すため, 時差を生み出す。

❸地球儀は地球を一定の割合で縮めたものであり, 距離・方位・形・面積のすべてがほぼ正しく示される。正距方位図法は距離と方位, メルカトル図法は角度(緯線と経線が直線で直角に交わっている), モルワイデ図法は面積が正しくえがかれている。地図は, 距離・方位・形・面積のすべてを正しくえがくことは不可能であり, 用途に応じて地図を使い分ける必要がある。なお, 正距方位図法は航空図, メルカトル図法は航海図, モルワイデ図法は分布図として用いられることが多い。

2 時間目　日本のすがた

解答 (pp.6〜7)

1 (1)イ
(2)東端―南鳥島　西端―与那国島
南端―沖ノ鳥島　北端―択捉島
(3)ア　(4)北方領土
(5)① a ―領空　b ―領土　c ―領海
d ―排他的経済水域
② 12(海里)
③例沿岸国が, 水産資源や鉱産資源などを利用・管理する権利をもつ海域。

2 (1)石川県・愛知県
(2)ウ

3 (1)1日遅らせる
(2)例東西で日の出と日の入り時刻が異なり, 日常生活が不便となるから。
(3)7(日)午前8(時)
(4)11時間

📝記述問題にチャレンジ 例離島が多いから(細長い形をした島国だから)。

解　説

1 (1)日本は, **国土面積約38万km²**, 北海道から沖縄まで**約3000km**におよび, 東西は約東経122度から154度まで, 南北は約北緯20度から46度までの間に位置している。
(3)イギリスは, 約北緯50度から60度の間に位置している。
(4)北方領土は, **択捉島・国後島・歯舞群島・色丹島**の4島をさす。
(5)①領土・領海・領空を合わせて**領域**といい, その国が統治・支配する主権がおよぶ。
②領海の範囲は国によって異なる。1海里は, 約1852mである。
③排他的経済水域は, 沿岸から**200海里**(約370km)以内の範囲であり, 外国船の航行は自由である。

⚠️ここに注意 (2)最南端は「南」の文字がついている南鳥島ではなく, 沖ノ鳥島である。また, 東西南北端のうち, 観光などを含め, 一般人が居住できるのは与那国島のみである。

2 (1)岐阜県と接している県のうち, 中部地方に属するのは, 福井県, 石川県, 富山県, 長野県, 愛知県の5県。このうち県名と県庁所在地名が異なるのは, 石川県(金沢市)と愛知県(名古屋市)の2つ。ほかに岐阜県と接する滋賀県と三重県は近畿地方である。
(2)県名と県庁所在地名の正しい組み合わせは, 高知県(高知市), 香川県(高松市), 徳島県(徳島市)である。盛岡市は岩手県の, 松江市は中国地方の島根県の県庁所在地である。

⚠️ここに注意 (1)・(2)都道府県の位置と, 県名と県庁所在地名が異なる県に注意する。地図で位置も含めて確認しておくことが必要。県の名称と県庁所在地の名称が異なる県は, 愛知県, 石川県, 島根県, 愛媛県, 香川県のほかに, 北海道(札幌), 岩手県(盛岡), 宮城県(仙台), 栃木県(宇都宮), 群馬県(前橋), 茨城県(水戸), 埼玉県(さいたま), 神奈川県(横浜), 山梨県(甲府), 滋賀県(大津), 三重県(津), 兵庫県(神戸), 沖縄県(那覇)。

3 (1)日付変更線は, ほぼ180度の経線に沿うように, 人間が居住する地域を避けて引かれている。この線を西から東へこえるときには「1日遅らせる」, 東から西へこえるときには「1日進ませる」。
(2)ロシアは, 東西で約150度の経度差があり, **15度で1時間の時差が生じる**ことから, 東西で10時間の時差が生じる。例えば, 東端で午前7時に日の出のとき, 西端は前日の午後9時となるが, 東端基準の標準時の設定のみであれば, 西端は真っ暗であるのに

午前7時の「日の出」となり，国内生活が混乱してしまう。

(3)日本とブラジルの経度の差は 135(度)＋45(度)＝180(度) であり，経度15度の差で1時間時差が生じるため，180(度)÷15(度)＝12 となり，2地点間の時差は12時間となる。日付変更線のすぐ西にある日本のほうがブラジルよりも12時間早いので，ブラジルの日時に，12時間足したものが日本の日時となる。

(4)日本とロサンゼルスの時差は，135(度)＋120(度)＝255(度)，255÷15＝17 となり，17時間である。関西国際空港を出発するときのロサンゼルスの日時は，日本よりも日付変更線のさらに西にあるため17時間遅い2月10日の真夜中の12時である。そのロサンゼルスに2月10日の11時に到着したのであるから，所要時間は11時間となる。

> **①ここに注意** (3)・(4)地球は1日(24時間)で1回転(360度回転)するため，**経度の差15度で1時間の時差が生じる。**

✐記述問題にチャレンジ 日本は国土面積の約12倍，ニュージーランドは国土面積の約18倍の領海と排他的経済水域をもつように，離島をもつ島国の領海と排他的経済水域は大きくなる傾向がある。

📖入試攻略 Points

対策 ❶日本は，第二次世界大戦後の戦後処理や周辺諸国との国交回復が遅れたため，領土問題を抱えている点をおさえておきたい。
- **北方領土**…日本固有の領土だが，戦後，ソ連(現ロシア連邦)が占領し，現在も不法占拠を続けているため，繰り返し返還を求めている。
- **竹島**…島根県の隠岐諸島に属する日本固有の領土だが，韓国が領有権を主張し，不法占拠を続けている。

なお，沖縄県の西に位置している**尖閣諸島**は，近海に天然ガスなどの地下資源が埋蔵されている可能性が指摘されてから中国や台湾が領有権を主張しているが，歴史的にも国際法上も日本が正当かつ有効に支配しており，解決すべき領有権の問題は存在しない。

❷世界標準時はイギリスのロンドンにある旧グリニッジ天文台を通る0度の経線を基準とし，**本初子午線**とよぶ。日本の標準時は**東経135度(兵庫県明石市)**の経線である。時差は2地点間の標準時子午線の差を15(度)で割ると求められる。

❸日本の地域区分は，自然条件(地形・気候)，文化のちがい，地域間の結びつきなどによってさまざまな区分の仕方があるので注意したい。例えば，

三重県は近畿地方，福井県は中部地方に属しているが，地域間の結びつきから，三重県は愛知県を中心とする東海地方と，福井県は近畿地方と深いつながりをもっている。

3時間目 **世界の人々の生活と環境**

解答（pp.8〜9）

1 (1)記号—イ
理由—例6月から9月の時期に気温が高いことから北半球とわかり，その時期に降水量が少ないから。
(2)A—Y　B—X　C—Z
(3)P—ウ　Q—ア　R—イ

2 (1)A—エ　B—イ　C—ウ　D—ア
(2)例(建物から)出る熱のため永久凍土が溶け(建物が傾くのを防ぐため。)
(3)①ウ　②X

✐記述問題にチャレンジ 例1年を通して気温が高く，降水量が多いから。

解説

1 (1)6月から9月は，北半球は気温が高く夏期，南半球は気温が低く冬期となる。そのため，**ア**が南半球のパースとわかる。北半球のロンドンとサンフランシスコでは，緯度の高いロンドンが**西岸海洋性気候**，緯度の低いサンフランシスコが**地中海性気候**である。地中海性気候の特色は，夏に降水量が少ないため**イ**となり，西岸海洋性気候の特色は，降水量が年間を通して平均的であることから**ウ**となる。

(2)**A**のサウジアラビアなど西アジアは**イスラム教**，**B**のインドは**ヒンドゥー教**，**C**のタイなど東南アジア，東アジアは**仏教**の信者が多い。なお，最も信者数の多いキリスト教，それに次ぐイスラム教，そしてヒンドゥー教の次に信者数の多い仏教の3つを**三大宗教**とよぶ。ヒンドゥー教は信者数では第3位だが，地域がインドに偏っているため，三大宗教には属さず，イスラエルの**ユダヤ教**とならんで民族宗教といわれる。

(3)**ア**は朝鮮半島，**イ**はアンデス山脈，**ウ**は寒帯のツンドラ気候地域でくらすイヌイットの，それぞれの伝統的衣装である。

> **①ここに注意** (1)温帯の**温暖湿潤気候**は，夏に降水量が多く，**地中海性気候**は冬に降水量が多く，**西岸海洋性気候**は年間を通して平均的に降水がある点をおさえておこう。

2 (1)食事は，生活する地域の気候に関係して変化することが多い。**A**は，低い気温でも育ちやすいライ麦からパンをつくる。**B**は，暑く雨が多い気候を好む稲を栽培し，それを調理する。**C**は高温多雨のためいも類がよく育ち，**D**は高所に位置して寒冷のため，いも類の中でも寒冷を好むじゃがいもを栽培している。

(2)**永久凍土**とは，冷帯(亜寒帯)から寒帯にかけて広がる，一年中凍結している土壌である。建物の熱や地球温暖化によって溶け，さまざまな被害をおこしている。

(3)高所へ行くほど気温が下がり，降水量が減るため，農作物の栽培が困難となる。**図2**中の**X**では**アルパカ**のほかに**リャマ**など寒さに強い家畜の放牧，**Y**ではとうもろこし，**Z**ではかんきつ類や熱帯作物の栽培が行われている。

🖊 **記述問題にチャレンジ** 熱帯雨林気候の地域は1年中高温多雨のため，風通しをよくして，湿気が家にこもるのを防いでいる。

📖 入試攻略 Points

対策 ❶**気候帯**は以下に分類される。

• **熱帯**…赤道から南北回帰線付近まで広がり，1年中気温が高く，年較差(最暖月と最寒月の平均気温の差)がほとんどない気候帯。赤道付近にあり，年中高温多雨でスコールとよばれる激しい雨が降る**熱帯雨林気候**，熱帯雨林気候周辺の雨季と乾季に分かれる**サバナ気候**がある。

• **乾燥帯**…中緯度西岸や大陸内陸部に広がり，気温の日較差が大きい気候帯。南北回帰線付近に広がり，降雨のほとんどない**砂漠気候**，砂漠気候の周辺で雨季に少雨があり，丈の低い草原ができる**ステップ気候**がある。

• **温帯**…大陸の東岸と西岸，大陸内部などに広がる温和な気候帯。四季の変化があることが特徴。大陸東岸にあり，夏は高温多湿，冬は少雨となる**温暖湿潤気候**，大陸西岸にあり，夏は高温乾燥，冬に降雨が見られる**地中海性気候**，地中海性気候の周辺にあり，偏西風と暖流の影響を受けるため，気温の年較差が小さく，高緯度のわりに温暖で，毎月平均的な雨量のある**西岸海洋性気候**がある。

• **冷帯(亜寒帯)**…北半球の高緯度のみに広がり，気温の年較差が大きく，冬が長く寒冷な気候帯。針葉樹林の**タイガ**が広がる。

• **寒帯**…両極地方に広がり，夏も気温が低いため樹木がほとんど育たず，降水量が少ない気候帯。夏のみ0℃以上となり，氷が溶け，こけ類が生える**ツンドラ気候**と年中氷雪におおわれる**氷雪気候**に分かれる。

• **高山気候**…3000m以上の山地で見られる気候。昼と夜の気温差は大きいが，年較差は小さい。

熱帯気候	乾燥帯気候	温帯気候
熱帯雨林気候	ステップ気候	西岸海洋性気候
サバナ気候	砂漠気候	温暖湿潤気候
冷帯(亜寒帯)気候	**寒帯気候**	地中海性気候
冷帯(亜寒帯)気候	ツンドラ気候	高山気候
	氷雪気候	

❷**世界の気候帯と雨温図**

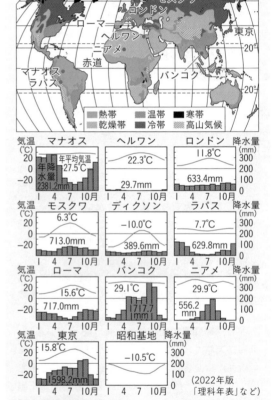

熱帯 温帯 寒帯
乾燥帯 冷帯 高山気候

(2022年版「理科年表」など)

❸**世界の宗教分布**

※斜線地域は，複数の宗教の混合地域。

キリスト教 仏教 イスラム教
ヒンドゥー教 ✡ユダヤ教 その他の宗教

解答（pp.10～11）

1 (1)Y　(2)a　(3)長江（チャンチヤン）
(4)例水や草を求めて移動しながら家畜を飼育する牧畜形態。

2 (1)漢族（漢民族）　(2)一人っ子政策
(3)記号—R　都市名—ペキン（北京）
(4)A—P　B—O
(5)イ

3 (1)経済特区
(2)例外国から資本と高度な技術を取り入れるため。
(3)世界の工場
(4)例沿岸部の GDP の方が内陸部よりも高い。

4 (1)B　(2)北緯 38 度　(3)エ

記述問題にチャレンジ 例（東北地方・華北は）年降水量が少なく，年平均気温が低いので小麦などの畑作が中心であり，（華中・華南は）年降水量が多く，年平均気温が高いので稲作が中心である。

解 説

1 (1)月平均気温が高く，夏に降水量が多いことから温暖湿潤気候であり，Y のシャンハイ（上海）である。X はリヤドで砂漠気候，Z はバンコクでサバナ気候。
(2)アジア州は世界人口の約 60％ を占める。b はヨーロッパ州，c はアフリカ州，d はオセアニア州である。

2 (2)人口抑制のために 1979 年から始められ，出生率は低下した。しかし，少子高齢化が急速に進行したため，2015 年に廃止された。
(5)中国は工業生産のみでなく，農業生産もさかんであり，小麦・米・茶などの生産量は世界一である。なお，天然ゴムは熱帯地方で栽培されており，タイ・インドネシア・ベトナムの東南アジア 3 か国で約 60％ を占める（2020 年）。

	1位	2位	3位	4位	5位
小麦 (2020年)	中国 17.6	インド 14.1	ロシア連邦 11.3	アメリカ 合衆国 6.5	カナダ 4.6
米 (2020年)	中国 28.0	インド 23.6	バングラ デシュ 7.3	インドネ シア 7.2	ベトナム 5.7
茶 (2020年)	中国 42.3	インド 20.3	ケニア 8.1	アルゼン チン 4.8	スリランカ 4.0
綿花 (2019年)	インド 23.6	中国 19.2	アメリカ 合衆国 17.0	ブラジル 10.5	パキスタン 6.1

（単位：％）　　　　　（2022/23 年版「日本国勢図会」）

！ここに注意 (5)小麦と米の生産量グラフに注意。小麦はパンの原料となるので，ヨーロッパの国々やアメリカ合衆国で生産がさかん。米はアジアの主食であるので，アジアでの生産がさかん。

3 (1)▲は，シェンチェン・アモイ・スワトウ・チューハイ・ハイナン省につけられている。
(3)「世界の工場」とよばれる中国は，工業生産で所得がのび，得た所得で国内外の多くの製品を購入することから「世界の市場」ともよばれている。

4 (1)A は朝鮮民主主義人民共和国（北朝鮮）の首都のピョンヤン（平壌），C は機械工業などが発達しているクワンジュ（光州），D は日本との航路もある貿易港のプサン（釜山）である。
(2)1950 年に始まった朝鮮戦争は，北緯 38 度線の南方に位置している板門店で 1953 年に休戦協定が結ばれたが，今日もこの緯線付近は両国の軍隊が警備する地域となっている。
(3)韓国は，台湾・ホンコン（香港）・シンガポールとともにアジア NIES（NIES：新興工業経済地域）として 1970 年代以降，急速に工業化が進み，鉄鋼や造船，自動車の生産や，今日では先端技術（ハイテク）産業が発展している。

記述問題にチャレンジ 年降水量 1000 mm 付近を境に，それより北は畑作，南は稲作中心の農業である。

入試攻略 Points

対策 ❶世界の人口は約 78 億人（2020 年）で，そのうち，中国が約 14.4 億人，インドが約 13.8 億人にのぼり，この 2 国だけで世界の人口の約 36％ を占めている。州別に見ても，アジアが全世界の人口の約 60％ を占めている。世界面積約 1.4 億 km² のうち，アジアは約 23％ を占め最も広い。中国から東南アジアをはじめ，世界各地に移住して活躍している人々のことを華人とよび，とくに東南アジアの国々の経済に大きな影響力をもっている。
❷中国では，1950 年代に設立された人民公社とよばれる政府の管理する集団組織を単位として農業や工業，商業，教育が行われてきたが，1970 年以降，農業における生産責任制（生産請負制）の導入など，部分的に市場経済の導入が進められている。しかし，政治体制は，現在も中国共産党を第一党とする社会主義体制である。
❸中国では豊富な資源と労働力，市場経済の導入により，急速な工業化と経済の拡大が進み，さまざまな工業製品において，中国製の製品が世界第 1 位を占めるまでに発展した。しかし一方では，

一人っ子政策による急速な少子高齢化の結果，将来の経済活動への懸念や沿海部(都市部)と内陸部(農村部)の収入の格差，道路や下水道などの社会資本(インフラ)の整備の遅れ，エネルギー資源の大量消費による大気汚染などへの環境対策の遅れなどが深刻化している。

5 時間目　世界の諸地域 ②　東南アジア，南アジア

解答 (pp.12〜13)

1 (1)エ
(2)記号―D　国名―マレーシア
(3)ASEAN(東南アジア諸国連合)
(4)天然ゴム　(5)プランテーション
(6)米　(7)ヒンドゥー教

2 (1)X―13　Y―37
(2)A―英語　B―12

3 (1)a―ペルシア湾　b―サウジアラビア
(2)OPEC(石油輸出国機構)

🖊 記述問題にチャレンジ 例 おもな輸出品が農産物から工業製品に変わり，輸出総額が大きく増加した。

解　説

1 (1)ア．夏の季節風(モンスーン)は南西や南東からの風で，雨が多い。イ．季節によって風向きが変わり，四季の変化が見られるところもある。ウ．冬ではなく夏の季節風のこと。
(2)イスラム教を信仰しているのはマレーシア，インドネシアであるが，日本や韓国を手本として経済発展を目ざしたルックイースト政策が行われたのはマレーシアである。
(3)ASEAN(東南アジア諸国連合)は，2022年7月現在，インドネシア，シンガポール，タイ，フィリピン，マレーシア，ブルネイ，ベトナム，ミャンマー，ラオス，カンボジアの10か国が加盟している。東ティモールも現在，加盟に向けて交渉が進んでいる。
(4)Cのタイ，Eのインドネシア，Bのベトナムの東南アジア3か国で世界の約60%を占めている(2020年)。

⚠ ここに注意 (2)・(7)タイ，ラオス，カンボジア，ミャンマーでは仏教，マレーシア，インドネシアではイスラム教，フィリピンではキリスト教(おもにカトリック)を信仰している人が多い。インドではヒンドゥー教とよばれる民族宗教がおもに信仰されており，宗教的・儀礼的に定められた上

下の身分のちがいと世襲による職業のちがいからなるカースト制が社会全体の基本となっている。

2 (1)X は 2755÷207，Y は (2755×11.8%)÷(207×4.2%) で計算できる。
(2)インドとアメリカ合衆国の時差はほぼ12時間で昼夜逆転する位置関係にある。インドでは理数教育がさかんで，情報通信技術(ICT)産業の発展が著しい。

3 (1)ペルシア湾岸は世界最大の原油の産出地である。
(2)OPEC は，西アジア・北アフリカ諸国を中心とした原油産出国が集まり，それまで原油の産出から輸出までを支配していた国際石油資本(メジャー)に対抗するかたちで，自国の資源と利益を守ることを目的に結成された。2022年7月現在，13か国が加盟。

🖊 記述問題にチャレンジ 1980年代から日本や欧米の企業が進出したため，機械類や自動車が主要品目となった。

📖 入試攻略 Points

対策 ❶東南アジア諸国は，戦前はタイを除き，ヨーロッパ諸国の植民地であった。戦後しばらくは天然ゴムやバナナ，木材，すず鉱などの一次産品の輸出が中心の経済体制(モノカルチャー経済)だったが，そこからの脱却をはかるために，工業団地の整備や輸出加工区の設置，外国企業の誘致を進め，資本や技術の導入を成功させている。
❷インドは豊富な地下資源を利用し，国内企業だけで工業化を進めたことにより，新しい技術の導入などの面で遅れをとっていた。しかし近年は，外国資本の受け入れが進み，情報通信技術(ICT)産業や電子機器工業が急成長している。とくにソフトウェア開発では，アメリカ合衆国との時差がほぼ昼夜逆転しており24時間通して作業ができるため，共同開発がさかんに行われている。
❸西アジアの多くの国がイスラム教を国教としている。イスラム教は，7世紀にムハンマドが始めた宗教で，アッラーを唯一の神として信じ，日常生活でもラマダン(断食月)などの厳しい戒律を守って生きることを説いている。

6 時間目　世界の諸地域 ③　ヨーロッパ州

解答 (pp.14〜15)

1 (1)フィヨルド　(2)偏西風
(3)イ・オ　(4)ユーロトンネル
(5)ルール工業地域
(6)①ブリュッセル
②例 EU に加盟した時期が早い国は，

一人あたりのGNIが高く，遅い国は一人あたりのGNIが低い。

③例EU加盟国内で経済格差が見られる。

2 (1)北緯40度　(2)アルプス山脈
(3)国際河川　(4)原油(石油)
(5)B国─ウ　C国─ア
(6)P─C　R─D

《記述問題にチャレンジ》例共通通貨ユーロを使用し，国境の通過を自由にする政策がとられている。

解説

1 (1)**フィヨルド**は，氷河によって削られた谷が沈んで，そこに海水が入り込んでできた入り江であり，複雑な海岸線となる。

(2)**偏西風**とは，回帰線から北緯40度あたりまでの地域から，高緯度地域に向かって**一年中吹く西寄りの風**のこと。西ヨーロッパでは，暖流の**北大西洋海流**の影響を受けて，高緯度にもかかわらず温暖になる(**西岸海洋性気候**)。

(3)

(5)ルール工業地域は，ドイツ西部の**ライン川**流域に発達しているヨーロッパ最大の工業地域。ルール地方の豊富な石炭(ルール炭田)とライン川の水運を背景に，古くから鉄鋼業(重化学工業)が発達してきた。

(6)①ヨーロッパ連合(EU)の前身である**ヨーロッパ共**同体(EC)の成立時から，本部は**ベルギー**の首都ブリュッセルに置かれていた。③近年は，人件費の安い東欧諸国への企業の進出が見られ，西欧諸国の産業の空洞化が懸念されている。

2 (1)**北緯40度**の緯線は，ヨーロッパでは**スペイン**のマドリード付近，**イタリア**半島南部や**ギリシャ**を通る。

(2)アルプス山脈は，スイスを中心に，フランス・イタリア・オーストリアにまたがる新期造山帯に属する山脈。スイスなどでは，高低差を利用して家畜を飼育する**移牧**が行われている。

(3)国際河川は，ヨーロッパでは**ライン川**や**ドナウ川**が有名である。その他，アフリカ州のナイル川や東南アジアのメコン川なども国際河川である。

(4)地図中の×は1960年に北海で発見された海底油田(**北海油田**)で，イギリスとノルウェーが管理している。イギリスは北海油田の発見により，石油輸出国に転じている。

(5)**C国**のフランスは発電量の大半を原子力発電に依存していることから**ア**とわかる。**A国**のノルウェーでは，地形などの自然条件を生かした水力発電が中心であるため**イ**とわかる。**B国**の環境対策が進むドイツでは，2011年の**福島第一原子力発電所**の事故を機に脱原発を掲げ，水力や風力，太陽光発電など**再生可能エネルギー**の割合が高いことから**ウ**となる。

(6)**P**は航空機，**R**は衣類から，それぞれフランス，イタリアとわかる。

①ここに注意 (1)北緯40度の緯線は，日本では，秋田県の八郎潟や岩手県，アメリカ合衆国ではサンフランシスコの北からニューヨーク付近を通る。ほかには，トルコからカスピ海，中国のペキン(北京)，朝鮮民主主義人民共和国(北朝鮮)などを通る。

《記述問題にチャレンジ》EU加盟国では人・モノ・資本(お金)の移動が自由である点について，資料から読み取れることを簡潔に説明する。

📖入試攻略Points

対策 ❶第二次世界大戦後，ヨーロッパではアメリカ合衆国・日本などの経済圏に対抗するため地域統合が進められた。1967年に発足したヨーロッパ共同体(EC)は，フランス，西ドイツ(当時)，イタリア，ベルギー，オランダ，ルクセンブルクの6か国で構成された。その後拡大が続き，1993年の**マーストリヒト条約**により，市場統合が完成し，前身のECからヨーロッパ連合(EU)に発展した。EUのおもな政策としては，①**人・モ**

ノ・資本の移動が域内で自由，②共通通貨ユーロの使用(加盟国すべてが使用しているわけではない)，③免許制度の統一，など。EUの課題としては，域内の経済格差の問題，また加盟国(2022年7月現在27か国)の増大により，政治統合や環境保護の面で意見の対立などが見られる。その結果，2020年にイギリスが離脱することとなった。

❷EU諸国では，域内の関税を撤廃し，自由な労働力の移動により，共同で開発・生産を行うなど国境をこえた結びつきが見られる。

❸ヨーロッパのおもな国の特徴をおさえておこう。

- **イギリス**…産業革命，北海油田，EUを離脱
- **フランス**…EU最大の農業国(EUの穀倉)，航空機産業，原子力発電に依存
- **ドイツ**…ルール工業地域，自動車工業
- **スイス**…EU未加盟，永世中立国，移牧による酪農
- **スウェーデン**…社会保障制度が充実(福祉国家)
- **オランダ**…ユーロポート，ポルダー
- **ノルウェー**…EU未加盟，フィヨルド

---

7 時間目　世界の諸地域 ④　北アメリカ州，南アメリカ州

解答 (pp.16〜17)

1 (1)記号—A　名称—ロッキー(山脈)
(2)サンベルト　(3)シリコンバレー
(4)例鉄鋼業の原料となる鉄鉱石や石炭にめぐまれた地域であるから。
(5)例農民一人あたりの農地面積が広く，大型機械が多用されている。
(6)ア　(7)小麦
(8)多国籍企業　(9)ヒスパニック

2 (1)S　(2)アンデス山脈　(3)B
(4)鉄鉱石　(5)メスチソ
(6)(カナダ，アメリカ合衆国，メキシコの3か国は，)例貿易協定を結んで経済的結びつきを強めている。
(7)ウ

記述問題にチャレンジ　例土地が安く，労働力が豊富なこと。(16字)

解説

1 (1)Bのアパラチア山脈は古期造山帯に属し，石炭の産出量が多い。
(2)サンベルトとは「太陽が輝く地帯」という意味をも

つ。X—Yの緯線は北緯37度であり，サンベルトはこの緯線より南に広がる石油化学工業や航空宇宙産業などが発達した地域のことをさす。
(3)サンフランシスコ郊外にある世界的な電子工業地帯のことをシリコンバレーとよぶ。シリコンは半導体の主原料，バレーは渓谷のことである。
(4)アパラチア炭田の石炭，メサビ鉄山の鉄鉱石，五大湖とセントローレンス川の水運の条件が結びついて鉄鋼業が発達した点をおさえておく。
(6)五大湖周辺には酪農地帯が広がっている。
(7)とうもろこし地帯と混同しないように。とうもろこし地帯は，酪農地帯の南部に隣接する。
(9)メキシコやプエルトリコ，キューバなどのスペイン語圏からアメリカ合衆国へやってきた移民のこと。ヒスパニックは特定の人種を表す言葉ではないため，白人，黒人，ネイティブアメリカン(先住民)などさまざまな人種がいる点に注意。

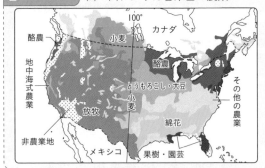

！ここに注意　(6)・(7)アメリカ合衆国の農業

2 (1)日本は，北緯20度〜46度の間，東経122度〜154度の間にある。日本を地球の正反対の位置(対蹠点)に置いたとき，南緯20度〜46度の間，西経26度〜58度の間となり，アルゼンチンのブエノスアイレスの東方海上となる。
(3)赤道は南アメリカ大陸のエクアドル，コロンビア，ブラジル北部のアマゾン川の河口付近を通る。
(4)地図上の◎印が，ブラジル北部のカラジャスと南東部のイタビラ，アメリカ合衆国のメサビなどにあるので鉄鉱石だと判断する。
(5)メキシコはスペインによる植民地支配を受けたため，メスチソの割合が最も高い。
(6)カナダ・アメリカ合衆国・メキシコは，北米自由貿易協定(NAFTA)を結んできたが，2020年からは米国・メキシコ・カナダ協定(USMCA)に改変された。
(7)dのブエノスアイレス(アルゼンチン)は，南半球の温帯にあり7月は冬の季節にあたる。aのバローはエ，bはワシントン(アメリカ合衆国)でア，cはマナオス(ブラジル)でイ。

✏️ 記述問題にチャレンジ　サンベルトでの工業の特色については，①温暖な気候②安くて広い土地③豊富な石油資源や労働力，の３点をおさえておこう。

📖 入試攻略Points

対策　❶アメリカの農業の特色は，個人が広大な農場を経営し(**粗放的農業**)，輸出向けの商品作物栽培が発達し(**商業的農業**)，気候や地形などの自然条件に合った農作物に特化して生産する**適地適作**の農業を行っている点にある。西経100度の経線より西は年間降水量500mm以下の地域で，かんがい農業や牛の放牧が中心である。東は年間降水量500mm以上の地域で，酪農や，とうもろこし・綿花などの栽培が中心である。

❷五大湖周辺で発達した鉄鋼業，サンベルトを中心とした先端技術(ハイテク)産業など，地域によって特色のある産業が発達しており，工業都市ごとに中心となっている工業を覚えておく。シカゴ(食料品)，デトロイト(自動車)，ロサンゼルス・シアトル(航空機産業)，ヒューストン(石油化学・航空宇宙産業)など。

❸南北アメリカ諸国は，さまざまな人種や民族が混在している**多民族国家**である。とくに南アメリカ大陸では植民地時代の影響で混血が進み，**メスチソ**(ヨーロッパ系とインディオの混血)などが見られ，さまざまな人種・民族が共存している。

---

8 時間目　世界の諸地域 ⑤　アフリカ州, オセアニア州

解答 (pp.18〜19)

1　(1)赤道—b　本初子午線—e
(2)X—サハラ砂漠　Y—ナイル川
　Z—ギニア湾
(3)S　(4)カカオ豆　(5)フェアトレード
(6)レアメタル　(7)モノカルチャー経済

2　(1)B　(2)ウ　(3)×—イ　■—ア

3　(1)環太平洋造山帯
(2)例地球温暖化により海水面が上昇し，国土が水没するおそれが生じている。
(3)①白豪主義
　②例輸出品目は農産物から鉱産資源へ，貿易相手国はイギリスからアジアの国へと変化した。

✏️ 記述問題にチャレンジ　例特定の農産物や鉱産資源の輸出に頼っているため，価格の変動を受けやすいから。

1　(1)・(2)赤道と本初子午線が，ギニア湾で交差することに注意する。また，サハラ砂漠に接する南縁に，人口増加により，過放牧・過耕作，薪炭の伐採が進んだために砂漠化が進行している**サヘル**とよばれる地域が広がっている。

(3)7月ごろの気温が低いことから冬の南半球の雨温図だとわかる。Rも南半球であるが赤道に近いため，気温が高くなる。Sの都市のケープタウンは，南半球の地中海性気候の代表的な都市として重要である。

(4)Aはコートジボワール，Bはガーナである。

⚠️ ここに注意　(4)アフリカの農産物としては，カカオ豆のほかに，**ケニアの茶，エチオピアのコーヒー豆**も重要である。

2　(2)オーストラリア大陸の東側には，**グレートディバイディング**山脈がある。この山脈は，環太平洋造山帯に属さず，低くなだらかな**古期造山帯**に属する。

(3)ほかに北部では，アルミニウムの原料となる**ボーキサイト**が大規模な**露天掘り**で採掘されている。

3　(1)Pはウェリントンを首都とするニュージーランドであり，牧羊で知られる国である。また，先住民として**マオリ**がいる。

(2)インド洋においても，海面上昇の影響で水没の危機に直面している国々がある。

✏️ 記述問題にチャレンジ　輸出品の大部分を，カカオ豆や原油など特定の農産物や鉱産資源に頼るモノカルチャー経済は，世界経済の好景気，不景気による価格変動の影響を受けやすく，経済が不安定になる。

📖 入試攻略Points

対策　❶アフリカ諸国は，19世紀後半以降，ヨーロッパ諸国の植民地になった背景があり，第二次世界大戦前の独立国は**エジプト・エチオピア・リベリア・南アフリカ共和国**の４か国だけである。アフリカでは現在も，植民地時代の国境線に起因する民族対立や紛争がおこっている。2011年にはスーダンが分離し，新たに**南スーダン**が誕生した。1960年以降に多くの国が独立した(**アフリカの年**)が，いまだに旧宗主国との結びつきが強く，**モノカルチャー経済**の国が多い。金・ダイヤモンドをはじめ，マンガン・ニッケル・コバルトなどの**レアメタル**(希少金属)を産出する南アフリカ共和国などは，都市化が進むなど近代化の動きを見せているが，多くの国がいまだに発展途上にある。

❷オーストラリア大陸は，大半が**乾燥帯**で大陸の東部が温暖湿潤気候，南東部が西岸海洋性気候で

ある。先住民は**アボリジニ**。18世紀末にイギリス人が入植し，イギリスの植民地となる。白人優位の**白豪主義**を掲げていたが，現在は廃止され，アジア系移民を積極的に受け入れ，**多文化社会**を形成している。産業の特色としては，農産物や鉱産資源などの一次産品を輸出し，工業製品を輸入する傾向が見られる。豊富な地下資源があるにもかかわらず工業化が進まなかった理由として，広大な国土に資源が点在しており，輸送に時間と費用がかかるため，工場を建てて製品をつくるより原料のまま輸出するほうが利益が上がることが考えられる。

▲オーストラリアの農業

❸オセアニア州の島々は，大きく**メラネシア・ミクロネシア・ポリネシア**の3つの地域に分類される。メラネシアはほぼ赤道以南で180度の経線より西の地域，ミクロネシアはほぼ赤道以北で180度の経線より西の地域，ポリネシアはほぼ180度の経線より東の地域をさす。オセアニア州の国々は，かつてはヨーロッパ諸国とのつながりが深かったが，近年はアジアやアメリカ合衆国とのつながりを深めている。とくにオーストラリアの貿易相手国は，かつてはイギリス中心だったが，近年は中国や日本などのアジアの国々やアメリカ合衆国へと変化している。それにはアジア太平洋地域の経済協力を目的とし，オーストラリアの提唱でつくられた**APEC（アジア太平洋経済協力会議）**が大きな影響を与えている。

9 時間目　地域調査の手法

解答（pp.20〜21）

1 ア

2 (1)**BZ**　(2)**イ**

3 (1)**イ**　(2)**ウ**

　　(3)例（海面の標高は）0mだが，Zに最

も近い三角点には86.2とあり，この地点の標高が86.2mだとわかるから。

🖉記述問題にチャレンジ 例扇状地の中央部は，粒のあらい土砂が堆積しているため，水はけがよいから。

解　説

1 広葉樹林（Ｑ）と針葉樹林（⋀）の地図記号のちがいをしっかりと見極めよう。

2 (1)電気機械は小型・軽量で単価が高い部品を組み立ててつくるため，輸送費がかかっても採算がとれる。そのため，インターチェンジ付近の広くて安い土地が適切。

(2)**イ**のグラフではものごとの推移を表せない。

3 (1)**X**の近くに太い等高線（計曲線）があり，**Y**の近くにその同じ高さの計曲線があるが，少し低くなっていることから判断する。

(2)安土駅前に小・中学校（文）がある。

(3)三角点の86.2や，その南部にある88から，この地域の標高が80m近くであり，この水域は湖であると判断する。

🖉記述問題にチャレンジ 扇状地の中央部（扇央）は砂や小石の土壌で水が地下にしみ込んでしまうため，水田には不向きで，ぶどうやももの果樹園に利用されることが多い。一方，末端（扇端）では水がわき出るため，水田や集落が発達する。扇状地の地形図を見ると，間隔の広い等高線が谷の出口（扇頂）を中心として同心円状に広がっている。

📖 入試攻略 Points

対策 ❶地形図の発行を行っている**国土地理院**は，国土の測量や地理学的調査を行い，さまざまな地図を発行している政府機関で，国土交通省に属する。地形図は，**2万5千分の1の地形図，5万分の1の地形図，20万分の1の地勢図**などが代表的。方位については**16方位**まで確実に覚えておく。**等高線**については，縮尺によって計曲線・主曲線をえがく間隔が異なる点をおさえておく（5万分の1では100mごとに計曲線，20mごとに主曲線，2万5千分の1ではそれぞれ50m，10mとなる）。地図記号については，2006年につくられた**老人ホーム**（⛪）と**風車**（⚙），ほかに**図書館**（▯），**博物館・美術館・歴史館**（血）などがよく出題される。果樹園（◌）と広葉樹林（Ｑ），小・中学校（文）と高等学校（⊗）の地図記号は誤りやすいので注意しておく。

❷地形図の読み取りでよく出題される地形は，河川上流で，山間部から平地へ出るところに形成さ

れる**扇状地**(果樹園などに利用)・河川下流の河口部に形成される**三角州**(水田・住宅地などに利用)・河川の中流域に形成される**河岸段丘**・海岸部に形成される**リアス海岸**が代表的。

❸**フィールドワーク**(野外調査)は，直接現地へ出向いて資料収集することが可能であるが，規模が大きくなると，より客観的な資料として「統計資料」を活用して調べる必要がある。統計とは，特定の集団における特性を数値化したもので，ほかの地域などと比較しやすい。このような統計資料は，身近な地域を調査する場合でも，実際に見聞して得られたデータを考察するうえで大変有効である。また**棒グラフ**は数や量の比較，**折れ線グラフ**は数値の変化，**円グラフや帯グラフ**は全体の数量に占める割合を示すときに用いられるのが一般的である。

10 時間目　日本の地域的特色 ①　自然環境，人口，資源・エネルギー

解答 (pp.22〜23)

1 (1)**環太平洋造山帯** (2)**フォッサマグナ**
(3)**リアス海岸** (4)**ウ**
(5)例**日本海の上を吹く間に，対馬海流の大量の水蒸気を含むため。**
(6)**X―イ　Y―ウ　Z―ア**
(7)**ア→ウ→イ**
(8)(少子化の理由)例**子育ての費用がかかるため。**
　(高齢化の理由)例**医療技術が発展したため。**

2 (1)**ウ**
(2)**火力発電所―イ　原子力発電所―ア　水力発電所―エ**
(3)例**エネルギー自給率が他の2国と比べて極端に低く，石炭などの資源を輸入に頼らざるを得ない。**

📝**記述問題にチャレンジ** 例**川の距離が短く急流である。**

解説

1 (1)太平洋をとりまくように連なる**環太平洋造山帯**は，高く険しいうえに地震や火山活動が活発であり，**アルプス-ヒマラヤ造山帯**とともに新期造山帯に属する。環太平洋造山帯に属する地域としては，アンデス山脈，ロッキー山脈，アリューシャン列島，日本列島，

フィリピン諸島，ニュージーランドなどがある。アルプス・ヒマラヤ造山帯に属する地域としては，アルプス山脈，ヒマラヤ山脈，チベット高原などがある。なお，ウラル山脈やアパラチア山脈，グレートディバイディング山脈などは低くなだらかで大地が安定しており，古期造山帯に属する。

(3)**リアス海岸**の奥まった部分では，波が静かであるため**養殖**がさかんであるが，地震の際には**津波**の被害が大きくなる。

(4)寒流は高緯度から低緯度へ向かう潮の流れであり，**Aのリマン海流とDの親潮(千島海流)**があてはまる。なお，暖流は低緯度から高緯度へ向かうものであり，**Bの対馬海流とCの黒潮(日本海流)**があてはまる。

(6)**Y**は日本海側であるため，冬に降水量が多くなることから**ウ**となる。**XとZ**では，緯度が**Z**の方が低く，南方であるので気温が高く，降水量も多くなることから**ア**と判断する。

(7)人口ピラミッドは，多産多死の「**富士山型**」→少産少死の「**つりがね型**」→年少人口が大きく減る「**つぼ型**」へと移っていく。0〜14歳の年少人口，15〜64歳の生産年齢人口，65歳以上の老年人口の3つに大きく分け，人口構成の特徴を考える。

⚠️**ここに注意** (1)環太平洋造山帯，アルプス-ヒマラヤ造山帯に属する地域や山脈の位置を，地図上で確認しておく。

2 (2)**火力発電**は，発電のための燃料を輸入することや設置・操業が他の発電と比べて容易なことから海岸部の，電力需要の多い大都市近郊，工場地帯に多い。**原子力発電**は，冷却のための大量の水と，硬い岩盤が必要であり，とくに福井県の若狭湾岸に多く見られる。**水力発電**は，河川の上流で川の水の落差を利用して発電を行うことから，河川上流の山間部に多く見られる。**風力発電**は，年中一定の風が安定して吹く地域に多く見られる。

📝**記述問題にチャレンジ** 日本列島の中央部に山脈があるため，そこから流れ出る河川は距離が短く，急流となる。また，この図からは読み取れないが，世界の河川と比べると，川幅が狭く，季節風(モンスーン)の影響で流量が大きく変化するため，河川交通には適さない。

📖 **入試攻略 Points**

対策 ❶日本列島は新期造山帯である環太平洋造山帯に属しており，山地の多くは険しく，火山も多い。日本列島には**フォッサマグナ**とよばれる大きな割れ目があり，列島を東北日本と西南日本とに分けている。日本の国土は山地と平野がほぼ7：3であり，平野のほとんどは河川のはたら

きによって形成された**沖積平野**である。

❷世界の人口は約78億人(2020年)であり，増加傾向にある。一般的に発展途上国では人口増加が進み，先進国では停滞・減少の傾向にある。発展途上国では，**多産多死型**の人口構造が特徴的で，人口増加の分，食料増産のための過放牧・過耕作が進み，**環境破壊**が懸念されている。一方で先進国では，**つぼ型**の人口構造が特徴的で，生活水準の向上などにより平均寿命がのびて**高齢化**が進み，労働力不足，社会保障制度の維持が困難になっており，対策が急がれている。日本では，高齢化と少子化が同時進行し，老年人口が約29%を占め(2020年)，年少人口を上回る**少子高齢社会**を迎えている。少子化の原因としては，女性の社会進出，晩婚化，非婚化による**合計特殊出生率**(1人の女性が一生の間に産む子どもの数)が低下していること，また，**教育費の増大**といった経済的問題などがある。

❸世界の鉱産資源・エネルギー資源の埋蔵量の分布はかたよりが大きく，日本では埋蔵量・産出量ともに少ないため，多くを輸入に頼っている。日本のおもな鉱産資源の輸入先は以下のとおり(2020年)。

• **原油**…1位サウジアラビア，2位アラブ首長国連邦，3位クウェート→おもに中東地域から輸入

• **石炭**…1位オーストラリア，2位インドネシア，3位ロシア

• **鉄鉱石**…1位オーストラリア，2位ブラジル，3位カナダ

11 時間目 日本の地域的特色 ② 産業,交通・通信

解答(pp.24〜25)

1 (1)**エ**
(2)例**卵から稚魚や稚貝まで育てた後に，海や川に放流し，大きく育ったものをとる漁業。**
(3)**A—ウ B—イ C—エ D—ア**
(4)京浜—**ア** 北九州—**エ**
中京—**イ** 阪神—**ウ**

2 (1)例**経営規模が大きくなり，搾乳ロボットを導入するなど機械化が進んでいる。**
(2)**エ**
(3)小麦—**エ** 肉類—**イ**

例**電気機器と輸送用機器の工場は，部品や製品の輸送を車で行うため，高速道路のインターチェンジ近くに多く建設され，石油製品と化学製品の工場は，原材料を海外からの輸入に依存しているので，船舶による大量輸入に適する臨海部に多く建設されている。**

解 説

1 (1)**ア**は漁業生産額や畜産額の多さから釧路港のある北海道，**イ**はアに次ぐ畜産額の多さから枕崎港のある鹿児島県，**ウ**は果実(りんご)の産出額から八戸港のある青森県，**エ**は製造品出荷額の多さから銚子港のある千葉県である。
(2)栽培漁業と混同しやすい**養殖業**は，魚・貝・海藻などを人工的に育てる漁業であるので注意。
(3)航空輸送の**成田国際空港**は軽くて高価なもの，東京港は周辺に大消費地がひかえていることから衣類や食料品などの輸入が多い。名古屋港と横浜港は，ともに自動車の輸出，石油の輸入が特徴である。
(4)**イ**は機械の割合が高いことから，**豊田市の輸送用機械工業**を中心とし，日本最大の製造品出荷額を誇る中京工業地帯，**ウ**は金属工業の割合が高く，繊維工業の割合も他よりも高いことから阪神工業地帯，**エ**は食料品工業の割合が高いことから北九州工業地域，残りの**ア**が京浜工業地帯となる。

⚠️**ここに注意** (2)養殖業を含め，漁獲量の推移に注意する。数か月かけて漁を行う**遠洋漁業**は，1973年の**石油危機**，世界の多くの国々の**200海里排他的経済水域**の設定により，以降の減少が著しい。また，2〜3日かけての沖合漁業の漁獲量が近年減っており，日帰りの沿岸漁業も外国産におされて減少傾向にある。

資料 漁業種類別生産量の推移

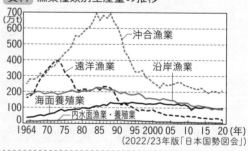

(2022/23年版「日本国勢図会」)

2 (1)生乳生産量が増えているにもかかわらず乳用牛の飼育戸数が減っていることから，1戸あたりの乳用牛飼育頭数が増えて大規模化していること，多くの乳用牛から効率よく乳をしぼり取るため，搾乳ロボット

が導入されていることが読み取れる。

(3)**ア**は主食の米，**ウ**は果物である。

📝 記述問題にチャレンジ　交通の条件に着目して，輸送の便利さや製品の特性をふまえて説明する。

📖 入試攻略Points

対策 ❶日本の農業は，せまい耕地で肥料などを投入し，単位面積あたりの収穫量をあげる**集約的農業**の性格をもっている。外国産の農産物との価格競争に対抗するために，**品種改良**や，野菜や果樹栽培などの園芸農業に力を入れていることが特徴である。日本の漁業は，中国など近隣国の漁業の活発化により，漁獲量が減少している。また，魚類の消費量の減少や漁業従事者の高齢化による減少などの問題がある。

❷日本の工業は，鉱産資源が乏しいため，石炭・原油・鉄鉱石など重く体積の大きい原材料の多くを，船舶による輸入に依存している。そのため，輸入に便利な海岸部に立地している工場が多く，**パイプライン**で結合した**コンビナート**形式をとるものが多い。また，完成した大きな工業製品も，船舶を使って国内の消費地や国外へ輸出される。そのため，人口の多い太平洋沿岸に工場が多い**太平洋ベルト**が形成されている。いっぽう，IC(集積回路)やコンピューター，精密機械関連の工場は，それらの品物が軽く高価であることから，空港近辺に，また，自動車や家電製品など機械製品の組み立て関連の工場は，トラック輸送に便利な高速道路のインターチェンジ付近に多く立地する。

❸国内においては，高速道路網などの整備により，これまで交通が不便であった内陸部にも工場が建設されるようになった。世界との関係においては，船舶や航空機を利用した交通網の発達により，輸出入が便利になった反面，世界各国の企業との国際競争が激しくなることとなった。また，インターネットなどの通信の発達により，情報交換が早くできるようになり，工場生産の向上に役立つのみでなく，医療現場での医師による遠隔操作，農業や漁業での衛星通信技術を利用した効率的な作業なども可能となってきた。

12 時間目　日本の諸地域 ①　九州,中国・四国,近畿地方

解答（pp.26〜27）

1　(1)a—中国山地　b—四国山地
　　(2)**カルデラ**　(3)**イ**
　　(4)記号—**A**　県庁所在地名—**松江市**

記号—**C**　県庁所在地名—**松山市**
(5)例火山灰の積もったシラス台地であり，水を保つことが難しいため。
(6)B県—**ウ**　C県—**ア**　(7)**r**

2　(1)**琵琶湖**　(2)**ラムサール条約**
　　(3)①**大阪府**　②**ア**
　　(4)地図記号—**エ**　農産物名—**みかん**

📝 記述問題にチャレンジ　例総入荷量が少ないため，価格が高くなるときに東京に出荷すれば，輸送費がかかっても採算がとれる(利益が出る)から。

解　説

1　(1)中国山地より北の日本海側の地域を**山陰**，中国山地と四国山地のあいだの地域を**瀬戸内**，四国山地より南の太平洋側の地域を**南四国**とよぶことがある。
(3)**Y**地点は岡山市で，瀬戸内の気候である。瀬戸内の気候は，夏・冬ともに季節風が南北の山地にさえぎられるため，乾燥しており，比較的降水量は少ないことが特徴。**X**は鳥取市で**ア**，**Z**は室戸岬で**ウ**があてはまる。
(6)**B**の広島県は瀬戸内工業地域にある。瀬戸内工業地域の工業出荷額は中京・阪神に次ぐ第3位を占める。**C**の愛媛県は，みかんが和歌山県，静岡県に次ぐ全国第3位(2020年)の生産量であることから判断する。**A**の島根県は**エ**，**D**の福岡県は**オ**，**E**の佐賀県は**イ**。
(7)**p**は人口が最も多い関東地方，**q**は2番目に人口の多い近畿地方となる。**s**は面積が広いことから北海道である。よって，九州地方は**r**となる。

2　(1)湖のある**X**は滋賀県。県庁所在地は大津市。
(2)**ラムサール条約**の正式名称は，「特に水鳥の生息地として国際的に重要な湿地に関する条約」。滋賀県では湖の環境保護のために，合成洗剤の使用を禁止する条例の制定や世界湖沼会議の開催など，環境保全に努めている。
(3)①人口や小売業販売額が最多であることから，**B**が**iii**の大阪府。大阪府の次に工業出荷額が多い**C**が**i**の兵庫県。**A**が**ii**の京都府，**D**が**iv**の奈良県。
(4)**Y**は和歌山県。2位の静岡県，3位の愛媛県から農産物はみかんである。

⚠️ここに注意　(4)主要な農産物について，生産量が上位の都道府県を覚えておくとよい。下記統計はいずれも2020年。（　）は対全国比(%)。
・みかん…和歌山県(21.8)，静岡県(15.6)，愛媛県(14.7)，熊本県(10.8)
・りんご…青森県(60.7)，長野県(17.7)，岩手県(6.2)

- ぶどう…山梨県(21.4)，長野県(19.8)，山形県(9.5)
- はくさい…茨城県(27.3)，長野県(25.1)
- キャベツ…愛知県(18.3)，群馬県(17.9)，千葉県(8.3)
- レタス…長野県(32.3)，茨城県(16.3)，群馬県(9.7)
- ピーマン…茨城県(22.7)，宮崎県(18.7)，高知県(9.1)
- 茶…静岡県(36.1)，鹿児島県(34.2)，三重県(7.3)

📝記述問題にチャレンジ 「夏場を除いて」に注意する。夏場は，東京におけるなすの総入荷量が多く，価格が安い。それ以外の時期には高知県からなすが出荷されている。他の産地のなすがあまり出回らない時期をねらって出荷することで利益をあげることに注目する。

📑入試攻略Points

対策 ❶西日本の日本海側の気候，太平洋側の気候，瀬戸内の気候の3つの雨温図については，なぜそのような気候となるか，理由をしっかりと記述できるようにしておく。

- **日本海側の気候**→冬に日本海で湿気を含んだ北西季節風の影響を受けて日本海側に降水量(降雪量)が多くなる。
- **太平洋側の気候**→夏に温かく湿った南東季節風の影響を受けて降水量が多くなる。
- **瀬戸内の気候**→夏の南東季節風は四国山地に，冬の北西季節風は中国山地にそれぞれさえぎられ，1年を通して小雨で，冬は温暖である。

❷自然環境や文化遺産を保全するための取り組みとして，UNESCO(国連教育科学文化機関)で採択された世界遺産条約とラムサール条約がある。世界遺産条約は，世界の貴重な文化遺産や自然遺産を，人類共通の財産として将来に伝えることを目的としている。日本では，2022年7月現在，20の文化遺産と5つの自然遺産がある。文化遺産は西日本に集中しており，とくに近畿地方に多い。なかには原爆ドームのように，戦争という悲劇を繰り返さないための教訓として登録された「負の遺産」もある。また，ラムサール条約により保全が義務づけられている場所は，日本では滋賀県の琵琶湖，北海道の釧路湿原，島根県の宍道湖など。

❸西日本では，宮崎平野と高知平野などで促成栽培がさかんに行われている。促成栽培とは，ビニールハウスや温室を利用して，野菜や草花をふつうの時期より早めに出荷する農業。品が少ない時期に市場に出荷するため，高い利益が出る。

13 時間目 日本の諸地域 ② 中部，関東地方

解答 (pp.28〜29)

1 (1)イ (2)3
(3)ア
(4)中京工業地帯
(5)イ

2 (1)X—越後
Y—からっ風
(2)イ
(3)近郊農業
(4)a—昼間人口
b—夜間人口
c—通勤や通学をしている
(5)エ

📝記述問題にチャレンジ 例(群馬県は千葉県に比べて)標高が高く，夏でも涼しい気候を利用して生産しているから。

解説

1 (2)中部地方で県名と県庁所在地名が異なるのは，石川県(金沢市)，山梨県(甲府市)，愛知県(名古屋市)の3つ。
(3)まず，**イ**は人口密度が群を抜いて高いので愛知県と判断できる。次に**エ**は米の産額の多さから新潟県と判断できる。**ア**と**ウ**の比較については，第一次産業の割合から**ア**を長野県と判断する。
(4)中京工業地帯は日本最大の工業出荷額を誇る総合工業地帯である。
(5)**ア**は，繊維の産業別出荷額の割合は20分の1以下だが，産業別事業所数は20分の1以上なので不適。**イ**は，食料品の産業別事業所数の減少が**資料2**に示されている。また，産業別出荷額は，1960年では1.4兆円の8.6%で約1200億円，2019年では47.9兆円の4.5%で約2兆1555億円となり約18倍となっており，正しい。**ウ**は，産業別事業所数が増加したのは金属，機械，化学であるが，産業別出荷額の割合で金属と化学は減少しているので不適。**エ**は，製造品出荷額の総額は1.4兆円から47.9兆円に増加したが，これを計算すると約34倍なので不適。

⚠️ここに注意 (4)日本の主要な工業地帯・地域の製造品出荷額の構成から，工業地帯・地域を特定できるようにしておく。中京工業地帯は，自動車工業がさかんなため，「機械」の割合が高く，阪神工業地帯は中京工業地帯や京浜工業地帯に比べ「金属」の割合が高いなどの特徴がある。

資料 工業地帯・地域の製造品出荷額などの構成

	重化学工業			軽工業		
	金属	機械	化学	繊維0.5 食料品	その他	
京浜工業地帯	10.6%	43.4	16.6	13.3	15.6	4.7
中京工業地帯	9.5%	68.6		6.6	9.9	0.7
阪神工業地帯	20.9%	37.9	15.9	11.1	12.9	1.3
北九州工業地域	17.0%	45.6	6.0	16.6	14.2	0.6
関東内陸工業地域	11.9%	44.4	10.3	15.8	17.0	0.6
瀬戸内工業地域	18.1%	35.1	22.3	7.8	14.6	2.1
東海工業地域	7.7%	51.3	11.2	13.7	15.4	0.7
北陸工業地域	16.9%	39.7	13.1	9.7	16.6	4.0
京葉工業地域	21.3%	12.7	40.1	16.1	9.6	0.2
北関東工業地域	14.2%	43.9	10.6	15.6	15.1	0.6

0 20 40 60 80 100(%)

(2019年) (2022/23年版「日本国勢図会」)

2 (1)からっ風を防ぐために，家のまわりを林で囲んだ**屋敷森**が見られる地域もある。

(4)昼は東京都内に通勤・通学し，夜は周辺の県にある自宅に帰る人が多い。

(5)印刷業の割合の高さから判断する。**ア**は神奈川県，**イ**は埼玉県，**ウ**は千葉県。

📝 **記述問題にチャレンジ** 群馬県の嬬恋村のほかに，長野県の野辺山原や菅平などで夏でも冷涼な気候を生かして高原野菜の**抑制栽培**が行われる。冬野菜を市場での流通量が減る夏に出荷できることから，市場で高値がつけられやすい。

📖 **入試攻略 Points**

対策 ❶中部地方の産業は，自然条件の面から，太平洋側の**東海地方**(静岡県・愛知県・岐阜県南部・近畿地方の三重県)，**中央高地**(山梨県・長野県・岐阜県北部)，**北陸地方**(福井県・石川県・富山県・新潟県)の3つに分けることができる。

〔東海地方〕
● 農業…電照ぎく(渥美半島)，茶(牧ノ原)
● 水産業…うなぎの養殖(浜名湖)
● 工業…**中京工業地帯**(自動車—**豊田**，石油化学—四日市，陶磁器—瀬戸・多治見)，**東海工業地域**(オートバイ—浜松・磐田，製紙・パルプ—富士)

〔中央高地〕
● 農業…高冷地農業(八ケ岳など)—キャベツ・レタスなどの**高原野菜**，ぶどう・もも(**甲府盆地**)
● 工業…情報通信機械工業(**松本**)

● 観光…上高地・軽井沢

〔北陸地方〕
● 農業…米(水田単作地帯)，チューリップ(砺波平野・越後平野)
● 工業…農家の副業から，漆器(輪島)などの伝統工業が発達。近年は，北陸工業地域を形成し，金属・化学工業が発達。

❷日本の人口の約10分の1が東京都に集中しており，日本の政治・経済・文化・交通の中心として機能している。国会議事堂や各国の大使館のほとんどが東京に集中しており，企業の本社や本店も多い。政治や経済の中心であることから，情報が集まりやすいので，出版社が多く，**印刷業**がほかの地域に比べてさかんである。過度な人口集中から，**過密**による都市問題(通勤・通学ラッシュ，ごみ問題，交通渋滞など)が深刻で，一時は郊外への人口移動が進んだ(**ドーナツ化現象**)が，近年は都心部の**再開発**による人口回帰の傾向が見られる。

❸中京工業地帯は日本最大の工業地帯であり，**名古屋港**，中部国際空港(セントレア)が玄関口として機能している。関東地方は，空の玄関口として**成田国際空港**，海の玄関口として**横浜港**がその役割をになっている。

---

14 時間目 **日本の諸地域 ③** 東北，北海道地方

解答（pp.30〜31）

1 (1)**ウ** (2)**やませ** (3)**B**
(4)①**三陸海岸** ②例リアス海岸のため海岸線が入り組んでおり，湾内は波が静かだから。
③**津波**
(5)例工場用地の地価が全国平均よりも安く，高速道路がつくられ，製品の輸送などに便利である
(6)青森県—**エ** 秋田県—**ウ**
岩手県—**ア** 宮城県—**イ**

2 (1)**流氷** (2)**濃霧**
(3)①**A** ②**C** ③**B**
(4)**ア** (5)**ア**

📝 **記述問題にチャレンジ** 例(北海道では，)農家1戸あたりの耕地面積が広いから。

解説

1 (1)北緯40度は，秋田県の八郎潟や岩手県を通る。
(2)やませは，寒流の親潮(千島海流)の上を北東の風が吹くことで，冷たく湿気の多くなった風である。
(3)**A**は津軽平野，**B**はリアス海岸が見られる沿岸部，**C**は庄内平野，**D**は仙台平野である。
(5) 1970～80年代の東北自動車道や東北新幹線の整備から始まり，東西南北の交通網が整備されたことで，高速道路沿いに半導体やIC(集積回路)，電気機械工場を誘致する**工業団地**が多くつくられた。
(6)青森県はりんご栽培がさかんであるが，果樹栽培はこのグラフでは「その他」となる。そのため「その他」の割合が大きい**エ**が青森県となる。東北地方の日本海側の方が太平洋側より稲作がさかんであるため，**ウ**が秋田，岩手県は親潮(千島海流)とやませのため稲作がさかんではなく，肉牛や乳牛を飼う畜産がさかんであることから**ア**，残る**イ**が宮城県となる。

> **⚠ここに注意** (1)北緯40度は，**温帯と冷帯(亜寒帯)**のおおよその境界となるため，その緯線の通過する地域がよく問われる。世界ではポルトガル，スペイン，イタリア，ギリシャ，中国のペキン(北京)付近，アメリカ合衆国のニューヨーク付近を通る。

2 (1)北海道の**オホーツク海**沿岸に，厚さ1～2m，長さ数kmにおよぶ流氷が，1月から2月に押し寄せ，重要な観光資源となっている。
(2)太平洋から吹く湿った南東季節風が，北から流れてくる冷たい親潮(千島海流)で急に冷やされることで**濃い霧**が発生する。このため**低温**や**日照不足**となり，この地域では酪農以外の農業はほとんどできない。
(3)①は石狩平野，②は根釧台地，③は十勝平野である。
(4)オホーツク海などで行う遠洋漁業(**北洋漁業**)がさかんであったが，排他的経済水域の設定などにより漁獲量が制限されたため，栽培漁業や養殖業が行われるようになった。
(5)北海道は，小麦のほかに，じゃがいも，たまねぎなどの畑作の農産物の生産量が日本1位，農産物産出額が日本1位，漁業産出額も日本1位である。

✎記述問題にチャレンジ **資料**から，北海道では，販売農家に対する耕地面積の割合が高いことがわかる。

📖入試攻略Points

対策 ❶東北地方は全国でも有数の米の生産地である。冷涼な気候だが，**品種改良**が進められ，今では「**日本の穀倉地帯**」とよばれるほど米づくりがさかんである。秋田県の**八郎潟**を**干拓**して農地を増やすなど，米の増産に努めてきたが，米の

消費量が減少(食の多様化)し，現在は**銘柄米(ブランド米)**の生産に力を入れたり，自然条件を生かした果樹栽培(西洋なし・おうとう・ももなど)に転換がはかられたりしている。また，東北自動車道や東北新幹線など交通網が整備され，IC(集積回路)工場や工業団地の形成が進んでいる。
❷2011年3月に宮城県三陸海岸沖を震源とする巨大地震とそれに伴う大津波により，三陸海岸沿いに位置する宮古・大船渡・気仙沼・石巻などの日本有数の漁獲量を誇る漁港に壊滅的な被害が出た。今日，工業・農業・漁業での復興は進んだが，福島第一原子力発電所の放射性物質の拡散により周辺住民が帰宅できない状況が続いている。
❸北海道は冷帯の気候で，日本のほかの地域と比べて自然条件が大きく異なり，産業の特色にもちがいが見られるので注意する。販売農家1戸あたりの耕地面積は，全国平均の約10倍あり，また冷涼な気候であることから，全耕地の約80%が畑(じゃがいも，豆類，てんさいなどの栽培や牧草地)である。

---

15 時間目 日本の諸地域 ④ 総合問題

解答(pp.32～33)

1 (1)海溝 (2)エ
(3)記号—エ 県名—鹿児島県
(4)B (5)ハザードマップ
2 (1)オ
(2)記号—ア
県庁所在地名—金沢市
(3)秋田県—b B県—c
(4)エ (5)SDGs

✎記述問題にチャレンジ **例**(利点)二酸化炭素を排出しない，エネルギー源が枯渇する心配がない，など。(課題)安定した供給ができない，建設費用がかかる，発電効率が悪い，など。

解説

1 (1)海溝とは深い海底にある細長い溝で，ふつう水深6000m以上のところをさす。海溝は海洋底のプレートが大陸プレートの下にもぐり込むところに形成され，地震帯と重なる。世界一深い海溝は**マリアナ海溝**で水深10920mである。
(2)山がちな地域に分布していることから，**ウ**か**エ**のどちらかにしぼられる。富士山近辺に印がついていないことから**エ**があてはまる。

(3) a は**イ**の千葉県，b は**ウ**の広島県，c は**エ**の鹿児島県，d は**ア**の北海道である。鹿児島県はほぼ全域が**シラス**とよばれる火山灰土におおわれており，水はけがよすぎるため水田に適さない。したがって，米の産出額は少なく，代わりに家畜の飼育がさかんであることから判断する。

(4)自動車関連のものが多い(中心地は豊田市)ことから判断する。また，飛行機では小型・軽量で単価が高いものが輸送の中心である。

> **⚠️ここに注意** (3)全国各地には，特色のある土壌があり，それらが農業と関連している点をおさえておこう。
>
> ・**シラス台地**…火山活動により噴出した火山灰や軽石が谷やくぼ地を埋める形で台地状に堆積したもの。鹿児島県から宮崎県にかけて広がる。水を通しやすく，雨が降ってもすぐに乾燥する酸性のやせ地であるため，稲作に適さない。
>
> ・**関東ローム**…関東地方の丘陵・台地をおおう赤褐色の土。周辺の活火山が噴火した際にもたらした火山灰土で，厚さは 5 ～ 12 m もあり，おもに畑として利用されている。
>
> また，土壌の悪いところでは，耕作に適した土を別の土地から運び込んで農地を改良する**客土**が行われているところもある。北海道の**石狩平野**は長い年月をかけて泥炭地を客土により水田に変えたことで，今では全国有数の稲作地帯となった。

2 (1)「日本一長い川(信濃川)」や「水俣病(阿賀野川)」などの記述から新潟県を選ぶ。

(2)北から順に秋田県，**オ**の新潟県，**ア**の石川県，**エ**の鳥取県が日本海に面している。

(3) a は製造品出荷額の多さから岡山県，b と d は秋田県か新潟県のいずれかとなるが，政令指定都市があり人口の多い d が新潟県で，b が秋田県となる。c は果実のりんご生産がさかんな青森県である。

(4)人口密度は，人口÷面積 によって求めることができる。a の人口密度が最も高く，製造品出荷額等が大きいことから，カードに臨海型工業地域のことが述べられている**C**の岡山県を選ぶ。

✎記述問題にチャレンジ 二酸化炭素は地球温暖化の原因の1つだが，太陽光発電は二酸化炭素を排出しないことから，環境を破壊しない発電として注目されている。しかし，太陽光発電は天候に左右されやすく，その点は今後の課題である。

📖入試攻略Points

対策 ❶都道府県名の位置を確実に覚え，県庁所在地名や山・河川・平野などの地形を確認する。

❷統計資料(人口，工業出荷額，特定の農産物の生産高，漁獲量など)から都道府県を特定できるようにしておく。

❸太平洋側や日本海，瀬戸内などの気候の特色や雨温図の読み取り，工場立地の条件などを確認する。

総仕上げテスト ①

解答（pp.34～35）

1 (1)**イ**
(2)**X ―ク   Z ―キ**
(3)**B**
(4)**P ―イ   Q ―ウ   R ―エ   S ―オ**
(5)例輸出総額に占める原油の輸出額の割合が大きいので，<u>原油価格の変化によって輸出総額も変化するから。</u>

2 (1)**ア**
(2)①例天候により運航が左右されるフェリーを使わずに，鉄道やバスなどで短時間で移動できるようになったから。
②**ア**
(3)**きゅうり**
(4)例台風の被害から家を守るため。
(5)**X ―ア   Y ―ウ   Z ―オ**

解 説

1 (1)**メルカトル図法**では，高緯度ほど距離，面積が拡大される。c ― d 間は赤道近くの緯線であるため，地図上の長さは同じであっても，実際の距離は最も長い。よって c ― d ＞ e ― f ＞ a ― b となる。

(2)**X** は赤道付近であることから年じゅう高温の熱帯であるため**ク**の熱帯雨林気候，**Z** はアンデス山脈に位置することから，年間を通して気温の変化が少ない**高山気候の キ**となり，**Y** は南半球に位置することから**カのステップ気候**となる。

(3)地図を参考に考えると，イギリスを通る**本初子午線**が，**Y** のある弧の部分，東経90度，日本の東経135度を経て，太平洋上に180度がくるので，**Y** の右横の弧の部分がその180度になる。**A** と **D** は西経であり，**C** は東経90度より東に位置しているため，**Y** に属さないことがわかる。

(4)亜寒帯とは冷帯のことであり，**北半球にしか存在しないため，ア**と**ウ**はユーラシア大陸か北アメリカ大陸

のどちらかであり，亜寒帯と寒帯の割合が67％と大きい**ウ**が北アメリカ大陸，**ア**がユーラシア大陸となる。**エ**には寒帯があることから極地方まで陸地が続いていると考え南アメリカ大陸とする。**イ**と**オ**で，アフリカ大陸は赤道が通り，広大な**サハラ砂漠**があることから熱帯と乾燥帯の割合が高い**イ**，**オ**が赤道が通らないことから熱帯の割合が小さく，大陸内部に砂漠が広がることから乾燥帯の割合が大きいオーストラリア大陸となる。なお，南極大陸は100％が寒帯である。

(5)原油の輸出額が輸出総額の大部分を占めているため，石油輸出に大きく経済を頼っている**モノカルチャー経済**といえる。

> **！ここに注意** (1)メルカトル図法では，地図上での長さ，面積が同じでも，実際の地球上での距離，面積は赤道に近いほど大きく，極地方に近づくにつれて小さくなる。
> (2)アンデス山脈の高山気候の雨温図がよく出題される。例えば，キト(エクアドル)は赤道近くのアンデス山脈中にあり，マナオス(ブラジル)とほぼ同緯度だが，キトは高山気候，マナオスは熱帯雨林気候であるので注意する。

2 (1)**A**は北海道のため冬の気温が低い**ウ**，**B**は日本海側のため冬の降水量が多い**ア**，**C**は沖縄であるため年間を通して気温の高い**イ**となる。
(2)②岡山市と高松市(香川県)を結ぶのは**ア**，**イ**は兵庫県と徳島県，**ウ**は広島県と愛媛県を結ぶルートである。
(3)**I**は高知県の**促成栽培**で有名なきゅうり，**II**は愛媛県の栽培で有名なみかん，残る**III**が米となる。
(5)**X**．左端上に166ｍの表示があり，166の周囲の2本目の等高線が太い線(**計曲線**)となっている。2万5千分の1であれば，**主曲線**は10ｍごと，計曲線は5本目ごとの50ｍごとに，5万分の1であれば，主曲線は20ｍごと，主曲線は100ｍごとに引かれるので，2万5千分の1と考えられる。また，左端下の100ｍの等高線から166ｍまでの等高線の間隔から考えてもよい。**Y**．Pの近くにある△は三角点で88.9ｍを表している。
Z．Pの右横の等高線は，左横の100ｍの等高線から90ｍを表していると判断する。その他に等高線がないことからPは80～90ｍの間と考えられ，海は標高が0ｍであることから，**A**は湖となる。

> **！ここに注意** (3)高知平野は，かつては**米の二期作**がさかんであったが，現在は促成栽培によりなすの生産量が日本一のほか，ピーマン，きゅうりの生産量も多い。

総仕上げテスト ②

解答（pp.36～37）

1 (1)**エ** (2)（7月）24（日）午前7（時）
(3)例**工業が発展しているドイツで仕事をするため。**
(4)国名―**イ** 宗教―**ク**
(5)例**原油の輸出に頼らず，観光業での発展を目ざしていると考えられるから。**

2 (1)**対馬海流** (2)B県―**ア** E県―**ウ**
(3)例**季節風の影響が小さく降水量が少ないので，農業用水としてためておくため。**
(4)X―**×** Y―**○**
(5)例**海外に工場を建設し，製品を生産する**
(6)a―**ア** b―**ウ**

解 説

1 (1)**地図**は，中心の東京からの距離と方位が正しい**正距方位図法**であることに注意。**ア**は**P**の方が**Q**よりも北にある。**イ**は南極大陸よりも南アメリカ大陸の方が拡大されていることから誤り。極地方へ行くに従い，面積が拡大されるのは，経線と緯線が直角に交わった**メルカトル図法**の特徴。**ウ**は地球の1周は**4万km**であることから，北極と南極間は2万kmである。
(2)東京とブエノスアイレスの経度差は，（東経）135（度）＋（西経）60（度）＝195（度）。経度15度で1時間の時差が生じるため，195（度）÷15（度）＝13（時間）となる。ブエノスアイレスのほうが東京よりも西方にあるため，13時間遅くなる。
(3)ドイツの工業出荷額が高いことから，ドイツで工業が発展していることがわかる。
(4)**カ**はキリスト教，**キ**はイスラム教，**ク**は仏教である。
(5)ドバイへの，原油が関係するかと思われるビジネス来訪者はわずか26％であり，余暇で訪問した人が消費に貢献していることがわかる。

> **！ここに注意** (4)東南アジアの国々は宗教が異なり，インドシナ半島の国々(タイ・カンボジアなど)は**仏教**，シンガポール，マレーシアとインドネシア(国としての信者数は世界一)は**イスラム教**，フィリピンはスペインやアメリカの植民地支配を通して**キリスト教**である。

2 (2)**イ**は海水浴場がないことから内陸部の**C**(長野県)，**ア**はスキー場が多く，海水浴場も多いことから**B**(新潟県)である。なお，**ウ**と**エ**では，東京までの時間がかなり異なることから，約60分と短い方の**ウ**が

18

E（静岡県），エがD（愛知県）である。

(4)**X**は，京浜工業地帯の食料品金額が最も大きい。**Y**の**重化学工業**には重工業（金属工業・機械工業）と化学工業（石油化学工業が代表的）が含まれ，**軽工業**には食料品工業・繊維工業・印刷工業などが含まれる。

(6)**第一次産業**は農林水産業，**第二次産業**は製造業や建設業，**第三次産業**はサービス業や観光業である。**エ**の運輸業は第三次産業に含まれる。

> **⚠ここに注意** (3)香川県など**瀬戸内気候**の特色はよく問われるので，同じく降水量が少ない長野県などの**中央高地の気候**との区別が必要。また，日本の各気候の特色を理解しておく。

総仕上げテスト ③

解答（pp.38～39）

1 (1)エ (2)ブラジル (3)イスラム（教）
(4)R－Y
　 I－半導体
(5)記号－a
　　理由－例 資料2から輸出総額に対する割合が高く，資料3から少人数で広大な土地を耕作している点が，機械を使った大規模農業で，輸出がさかんであるアメリカの特色に合うから。
(6)エ

2 (1)イ (2)A－エ　B－ウ
　 栽培－促成栽培
　 利点－例 入荷量が少ない時期に，高い価格で出荷できるから。
(4)b　記号－Q　県名－茨城（県）
　 d　記号－R　県名－山梨（県）

解説

1 (1)**北緯40度**は日本では，秋田県や岩手県を通る。世界では，ポルトガル，スペイン，イタリア，ギリシャ，トルコ，ペキン（北京）やアメリカ合衆国のサンフランシスコ，ニューヨーク付近を通る。

(2)**A**国はポルトガルであり，南アメリカ大陸ではブラジルで**ポルトガル語**を使用する以外，ほとんどの国が**スペイン語**を使用する。

(3)**B**国はトルコである。豚の飼育頭数が少ないことから判断する。なお，牛はブラジルに次いでインドが多く，豚は中国が最も多い。羊は中国，インド，オーストラリアが多い。

(4)**R**は石油や航空宇宙などから，北緯37度以南の**サンベルト**地域であり，半導体関連の産業がさかん。**S**は五大湖近くの**メサビ鉄山の鉄鉱石やアパラチア山脈の石炭**をもとに，製鉄や自動車が発展した北部である。

(5)アメリカ合衆国の農業の特色は，機械化による**大規模農業**や**適地適作**などである。

(6)日本の最大の貿易相手国は中国であり，次いでアメリカ合衆国である。中国とは，中国からの輸入額が多く日本の貿易赤字，アメリカ合衆国とは日本の輸出額が多く日本の貿易黒字となっている。

> **⚠ここに注意** (4)アメリカ合衆国の代表的都市とその主要産業，鉱産資源の位置をおさえておく。
> **デトロイト**…自動車　　**ピッツバーグ**…製鉄
> **シカゴ**…製鉄・食料品　**ヒューストン**…石油化学
> **サンフランシスコ**…石油化学
> **ロサンゼルス**…航空機
> **ニューヨーク**…世界経済の中心地。国際連合の本部。
> 鉄鉱石…**メサビ鉄山**　　石炭…**アパラチア炭田**
> 石油…メキシコ湾岸，太平洋岸
> 　近年，**シェールオイル**の採掘により，アメリカ合衆国は世界最大の石油産出国となっていることにも注意する。

2 (1)**ア**の**会津塗**は福島県，**ウ**の**天童将棋駒**は山形県の伝統的工芸品である。

(2)**ア**は人口密度や昼夜間人口比率が高いことから**C**の東京都，**イ**は**ア**に次ぐ人口密度から**D**の神奈川県，**ウ**は人口密度や昼夜間人口比率が88.9と低いことから，東京都に隣接し，移動者が多い内陸部の**B**の埼玉県，**エ**は人口密度が最も低いことから**A**の群馬県である。

(3)高知県や宮崎県では促成栽培がさかんであり，トラックやフェリー，高速道路料金を払ってでも東京や大阪など遠隔地へ運ぶことで利益を得られるのは，ピーマンなどの夏野菜が少ない冬の時期に生産，販売することで高い利益が得られるからである。

(4)**a**は米の生産量から**P**の新潟県，**b**はキャベツの生産が多いことから，近郊農業がさかんな**Q**の茨城県，**c**はりんごの生産量から**O**の青森県，**d**はぶどうの生産量から**R**の山梨県である。

> **⚠ここに注意** (4)各農産物の生産量上位をおさえる。いずれも2020年。
>
> | | 1位 | 2位 | 3位 |
> |---|---|---|---|
> | 米 | 新潟県 | 北海道 | 秋田県 |
> | りんご | 青森県 | 長野県 | 岩手県 |
> | ぶどう | 山梨県 | 長野県 | 山形県 |
> | キャベツ | 愛知県 | 群馬県 | 千葉県 |